グローカル財政論

兼村 髙文・横山 純一・星野 泉
小野島 真・安田 満 〔編著〕

税務経理協会

はしがき

　"Think Globally, Act Locally" この言葉は，グローバル＝世界的な視点から，ローカル＝地域のことを考えて行動する，という意味である。本書のタイトル「グローカル財政論」は，上記のグローバルとローカルの意味を含んで，地域のことであっても，世界的な視点から思考すべきことをコンセプトに財政を論じたものである。

　世界の地理的な距離はいつの時代も不変であるが，時間的な距離は情報のネットワークが張り巡らされた今日においては，いっそう縮まり瞬時において伝わる。いまや世界のどこにいようと，何が起こり，どう動いているか知ることができる。たとえ辺境の地にいても，日本人の行動や安否はすぐに伝わってくる。また環境問題もその広がりが年々認識され始め，地域的な問題では済まされない事例も増えてきている。地域の問題は多くについてその地域だけの問題ではない。世界との繋がりの中で考える必要がある。

　財政は基本的にはその国のいわば地域の問題であるが，いまやそうとばかりは言えなくなってきた。2008年9月のリーマンショックから引き起こされた世界的な金融危機への対応では，日米欧は協調して財政出動を実施した。また欧州連合（EU）のソブリン危機も世界に金融不安をもたらし，世界規模での対応が迫られている。このように，財政問題もその国だけの内政だけでは片付けられない状況となってきた。ユーロ圏では財政統合も視野に入れながら対応を急いでいる。こうした現状から，財政も Think Globally, Act Locally の視点で論じる必要がある。

　本書の構成は，第1編グローバル財政論では，世界の財政とそこでのグローバルの問題を論じている。欧州も社会保障は大きな問題であり，EUのソブリン危機はいまや世界的な金融危機の懸念を招いている。また国際的な市場競争では法人税をはじめとした税制の問題も大きい。そして第2編ローカル財政論では，世界の中の日本の地方財政をグローバルの視点で捉えて論じ，ローカル

の問題では，広がる地域格差，それに対する地域の活性化策，そしてホットな問題として危機管理を取り上げ論じている．

　本書は大学生向けの専門書として編集したものであるが，できるだけ最近の現実問題も論じながらまとめている．一般の方々にも参考になれば幸いである．

2012年9月

編著者

目　　次

はしがき

第Ⅰ編　グローバル財政論

世界の財政

第1章　世界の財政・制度と課題 …………………… 3
1. はじめに ……………………………………………………… 3
2. 公共部門の地位 ……………………………………………… 4
3. 公共部門，企業部門，家計部門 …………………………… 10
4. ヨーロッパの消費税（付加価値税） ……………………… 11
5. 家計収入の使い道 …………………………………………… 13
6. おわりに ……………………………………………………… 14

第2章　欧米の経済動向と財政 …………………… 17
1. 主要国の経済動向と財政状況 ……………………………… 17
   (1) 世界経済の現状と今後の見通し ……………………… 17
   (2) 不安定な世界経済と険しい財政健全化への道のり …… 21
2. アメリカの経済政策と財政 ………………………………… 22
   (1) G.W.ブッシュ政権からB.オバマ政権の政策 ………… 22
   (2) 今後の財政見通し ……………………………………… 23
3. 欧州連合（EU）の経済動向と財政政策 ………………… 24
   (1) EUの経済状況とユーロ圏のソブリン危機の動向 …… 24
   (2) EU財政の今後 ………………………………………… 25
4. おわりに ……………………………………………………… 26

第3章　韓国の経済発展と財政 …… 27

1　韓国の政治体制と組織 …… 27
(1)　韓国の政治体制 …… 27
(2)　韓国の行政組織 …… 28
(3)　韓国の地方自治 …… 31

2　韓国における財政構造の特徴 …… 32
(1)　予算書の構成 …… 32
(2)　会 計 年 度 …… 33
(3)　徴 税 制 度 …… 33
(4)　歳入と歳出 …… 35
(5)　基　　　金 …… 37

3　地 方 財 政 …… 38
4　おわりに …… 39

第4章　中国の経済発展と財政 …… 41

1　はじめに …… 41
2　中国の行政機構と財政制度 …… 42
3　中央と地方財政制度の歴史的軌跡 …… 45
(1)　計画経済時代の中国の財政―「中央統収―統支」制 …… 45
(2)　改革開放開始1978年～1993年分税制開始まで
　　　―「財政請負制」― …… 46
(3)　「分税制」の導入 …… 47
(4)　1994年以後の財政税制改革 …… 51

4　地方政府と予算外財政資金 …… 53

目　次

グローバル・イシュー

第5章　欧州の社会保障改革 …………………… 55
　1　はじめに …………………………………………… 55
　2　国と地方の関係，自治体連合制度，自治体財政，高齢化の進行 ……………………………………………………… 57
　3　高齢者の介護サービスの利用状況 ……………… 59
　4　福祉民営化の進行 ………………………………… 61
　　(1)　福祉・保健医療従事者数 …………………………… 61
　　(2)　福祉民営化の進行 …………………………………… 65
　5　高齢者介護の財政 ………………………………… 66
　　(1)　社会保障費の動向 …………………………………… 66
　　(2)　財源―主に国庫支出金と利用料について ………… 67
　6　おわりに …………………………………………… 68

第6章　欧州連合（EU）の金融危機と財政 …… 71
　1　はじめに …………………………………………… 71
　2　EUの誕生と通貨統合 …………………………… 72
　3　サブプライム危機とリーマン・ショック ……… 76
　4　ギリシャ危機とソブリンリスク ………………… 79
　5　欧州金融および財政の安定化措置 ……………… 82
　6　おわりに―ユーロの今後の展望― …………… 84

第7章　経済のグローバリゼーションと法人所得課税 …… 89
　1　日本の法人所得課税の実効税率 ………………… 90
　2　抜本的法人課税改革への議論 …………………… 94
　3　国際課税 …………………………………………… 98
　　(1)　外国子会社配当益金不算入制度 …………………… 98

(2)	移転価格問題	101
4	おわりに	106

第Ⅱ編　ローカル財政論

世界の中の日本の財政

第8章　日本の財政：国際比較　111
1　財政の国際比較の視点　111
(1)　経済社会のグローバル化と財政の役割　111
(2)　グローバル化と保護主義　112
2　日本財政の国際比較　113
(1)　一般政府の比較　113
(2)　地方行政制度の比較　116
(3)　政府間財政制度の比較　118
3　日本財政の現状と課題　119
(1)　借金大国日本財政の現状　119
(2)　日本財政は破綻しないのか　120
(3)　政策決定の遅さに危機が忍び寄っている　122
(4)　財政健全化に向けた政治決断を　123

第9章　日本の地方財政・制度と課題　125
1　日本の地方制度　125
(1)　地方自治体の種類と事務　125
(2)　地方自治体の予算と決算　127
2　地方財政の構造　128
(1)　国と地方の財政関係　128
(2)　地方歳出　130
(3)　地方歳入　132

3 地方分権改革と財政再建 ……………………………… 137
- (1) 地方分権の意義……………………………………… 137
- (2) 三位一体改革………………………………………… 138
- (3) 自治体財政健全化法と財政再建…………………… 138

第10章 日本の社会保障と財政問題
―高齢者介護を中心に― …………………………… 141
1 厳しい国財政の状況 ………………………………… 141
2 社会保障給付費と社会保険料収入の関係 ………… 145
- (1) 社会保障給付費と社会保険料収入のかい離の拡大…… 145
- (2) 高齢化の進行と国民医療費………………………… 147
- (3) 高齢化の進行と介護給付費………………………… 147
3 高齢化の進行と高齢者・家族における変化 ……… 150
4 安心のセーフティネットをどのように構築するのか…… 151

ローカル・イシュー

第11章 地域間格差拡大とその対応 ……………… 155
1 はじめに……………………………………………… 155
2 地域経済の発展と地域間格差 ……………………… 156
- (1) 地域間格差縮小の理論―新古典派経済学の地域間格差論―… 156
- (2) 地域間格差拡大の理論―循環的・累積的因果関係論―……… 157
3 地域間格差の実際 …………………………………… 159
- (1) わが国における地域間所得格差の動向…………… 159
- (2) 地域間格差はなくならないのか…………………… 161
4 地域間格差と財政 …………………………………… 161
- (1) 財政力格差是正のための地方交付税……………… 162
- (2) 地域間格差是正政策としての公共投資…………… 163

(3) 地域間格差への対応―今後の課題―……………………… 164
　5 おわりに……………………………………………………… 166

第12章　地域活性化の取り組み……………………… 167
　1 わが国の地域開発の経緯 …………………………………… 167
　2 地域の活性化と地方財政 …………………………………… 169
　3 地域の魅力を反映させた活性化政策 ……………………… 172
　4 地域の特産物や農産物のブランド化による地域の活性化
　　　政策 …………………………………………………………… 174
　5 茨城県（大洗町）と熊本県（芦北町）の事例研究……… 176
　　(1) 茨城県（大洗町）のケース……………………………… 176
　　(2) 熊本県（芦北町）のケース……………………………… 178

第13章　危機管理の課題と今後の展開………………… 183
　1 はじめに……………………………………………………… 183
　2 わが国の中央・地方レベルにおける危機管理・防災政策
　　　と財政措置 …………………………………………………… 185
　　(1) 国レベルでの危機管理・防災政策と財政措置………… 185
　　(2) 都道府県レベルでの危機管理・防災政策と財政措置… 187
　　(3) 市区町村レベルでの危機管理・防災政策と財政措置… 188
　3 危機管理政策の効率的な運営 ……………………………… 189
　　(1) 防災から危機管理へ……………………………………… 190
　　(2) 行政組織と危機管理……………………………………… 192
　　(3) 危機管理への包括的アプローチ：危機管理の4段階モデル… 193
　4 危機管理・防災政策における財政的課題 ………………… 195

参　考　文　献……………………………………………………… 199
索　　　　　引……………………………………………………… 209

第Ⅰ編

グローバル財政論

＝世界の財政＝

第1章　世界の財政・制度と課題
第2章　欧米の経済動向と財政
第3章　韓国の経済発展と財政
第4章　中国の経済発展と財政

＝グローバル・イシュー＝

第5章　欧州の社会保障改革
第6章　欧州連合（ＥＵ）の金融危機と財政
第7章　経済のグローバリゼーションと法人所得課税

世界の財政

第1章

世界の財政・制度と課題

　本章では，OECD統計等を用いて国際比較を行い，数値の変化を追いかけながら，世界各国の財政規模，租税負担，社会保険料負担についてみてみよう。そのなかで，日本はどのような位置にあるのだろうか。こうした現状を受けて，公共部門，企業部門，家計部門の位置関係の変化，われわれの生活様式に求められるものも変わってきているのである。

1　はじめに

　ところは日本。江戸は8代将軍，徳川吉宗の時代，享保の改革では，財政再建のための年貢を増やし，五公五民。勘定奉行が「胡麻の油と百姓は絞れば絞るほど出るものなり」と言ったとか。テレビのなかの「暴れん坊将軍」こと徳川吉宗や大岡越前は正義の味方で素晴らしい裁きなのだが。年貢は，ことわざや落語にも出てきて「これが年貢の納め時」よ。諦めにも似た表現となっている。さらに昔，鎌倉時代から守護，地頭なる公務員のような役職があり，「泣く子と地頭には勝てぬ」などと，これまた諦めにも似た境地で表現されている。
　こうした歴史のせいなのか農耕民族である日本人の心のなかには，今日でも年貢が振り替わった税金とは嫌なものという感覚が植えつけられてきているよ

うである。英語では，税を納める者をTax Payer，税支払者となるが，日本語では，納税者となる。実質的には同じだが，強制感，上下関係を感じさせる言葉になっている点で微妙な違いを感じさせられる。

これはもう，心の奥底に入り込んでしまっているものであり，どうにもならないといえばならないものとなるが，その原因を改めて冷静に吟味していく問題であるといえるだろう。しかしながら，ヨーロッパでは，税金や政府，公務員に対する考え方がかなり違うようである。払ったものは戻ってくる。そう考えている人が多いのである。

財政学，Public Financeは，国や県，市町村などの公共部門がお金を集め，使うことを学ぶ学問である。少子高齢社会の進行のなかで，みんなが幸せになる方法はどこにあるのか。OECD統計による国際比較，高福祉，高負担国として知られるスウェーデンの例などから，少子高齢社会を進む日本の将来像について考えてみたい。スウェーデンの所得税は最低税率が30％前後，消費税は税率25％，なぜそんなことが可能なのだろうか[1]。

2　公共部門の地位

図表1－1，1－2は，国の経済的大きさを示す指標の一つであるGDPに対する比率でみた租税や社会保障の負担率である[2]。つまり，経済的成果のなかから公共部門のための費用である税金等をどのくらい払っているか，ということになる。通常，日本の財務省統計では，国民負担率，租税負担率を算定する分母は国民所得であるが，OECD統計では分母をGDPとしているため，われわれがよく知る数値より概して低い数値となっている。また，OECD統計では，「税」（TAX）を，強制的に徴収するもの，個々のサービスの対価ではないものと規定しているため，社会保障負担部分も税の一つとして整理され，社会保障負担も租税負担率の範疇に入っている。ただ，本章では，日本の分類に合わ

---

1) 拙著『スウェーデン高い税金と豊かな生活』イマジン出版，2008年。
2) Revenue Statistics, OECD, 2009, 2011.

第1章 世界の財政・制度と課題

図表1－1 GDP比国民負担率と租税負担率の動向（OECD諸国平均と日本）

GDP比 負担率（%）			OECD諸国平均				日　本			
		年	1980	1990	2000	2009	1980	1990	2000	2009
国民負担率			30.9	33.7	36.0	33.8	25.4	29.1	27.0	26.9
	租税負担率		23.8	25.9	26.9	24.6	18.0	21.4	17.5	15.9
		個人所得課税	10.1	10.4	9.6	8.7	6.2	8.1	5.7	5.4
		法人所得課税	2.3	2.6	3.6	2.8	5.5	6.5	3.7	2.6
		財産税	1.6	1.8	1.9	1.8	2.1	2.7	2.8	2.7
		財・サービス課税	9.8	10.5	11.1	10.7	4.1	4.0	5.2	5.1
		うち一般的消費課税	4.6	5.9	6.6	6.7	－	1.3	2.4	2.6
	社会保障負担率		7.1	7.8	9.1	9.2	7.4	7.7	9.5	11.0
		事業主負担	4.6	4.7	5.5	5.4	3.8	3.7	4.4	5.0
		被用者負担	2.3	2.7	3.1	3.2	2.6	3.1	4.0	5.0

出所：Revenue Statistics 1965－2010, OECD, 2011, 他OECD統計各年度版。

図表1－2 GDP比国民負担率と租税負担率－OECD，日本，スウェーデン，デンマーク 2009年

GDP比 負担率（%）			OECD諸国 平　　均	日　本	スウェーデン	デンマーク
国民負担率			33.8	26.9	46.7	48.1
	租税負担率		24.6	15.9	35.3	47.1
		個人所得課税	8.7	5.4	13.5	26.4
		法人所得課税	2.8	2.6	3.0	2.4
		財産税	1.8	2.7	1.1	1.9
		財・サービス課税	10.7	5.1	13.5	15.4
		うち一般的消費課税	6.7	2.6	9.8	10.1
	社会保障負担率		9.2	11.0	11.4	1.0
		事業主負担	5.4	5.0	8.6	0.0
		被用者負担	3.2	5.0	2.8	1.0

出所：図表1－1に同じ。

せて，国民負担率を租税負担率と社会保障負担率に分けて作表している。

　この統計は，西欧先進国ばかりではなく，最近では，チェコ，スロバキアなども含まれ，OECD諸国30ヵ国以上の資料からとっている。これによれば，北欧を含むヨーロッパの国が負担率の上位を占めており，日本はOECD平均を大幅に下回り，負担がかなり低い水準となっている。日本では現在，3人の働き手が1人のお年寄りを支えているが，少子化，高齢化ということで，将来的には，働き手1.5人で1人，あるいは1人で1人のお年寄りを支えることになる計算ともいわれているが，税負担率の数値からはうかがい知ることはできない。少子高齢社会の進展に国民も関心を示してはいるが，バブル期以降，税負担率の減少は特に著しい。さらに，この30年の間をみても税負担はむしろ減少傾向にある。1980年と比べても低い。社会保障負担のみ上昇傾向にあり，OECD平均を上回っているが，それも被用者負担であり，事業主負担は未だOECD平均を下回る。

　少子高齢化は多くの先進国に共通する問題となっているが，日本ほど合計特殊出生率の数値が低くない国でも，日本より税負担は大きくなっている。税金の少ない分，足りない分を国債発行で対応してきたのが日本の特徴ということになるが，今後，少子高齢化が進むとなると，いつまでも借金を続けるわけにも行かず，税を集めることも考えなくてはならない。ヨーロッパと異なり通貨発行権を自国で有する日本に破綻リスクは低いといえども，金融機関の国債保有が拡大することによる民間経済への効果，高いとされてきた家計貯蓄率の減少など不安要素は大きい。

　日本国債は，ほとんど間接金融中心に資金を集めた国内金融機関による保有，すなわち日本人が保有しているということになるから，国としては負債が大きく貧乏であるとしても，日本人は国債という資産の保有者というわけで資産家ということになる。国債は負債といえども，次の世代に資産も残すのであるから次世代に向けてもプラスマイナスゼロだとみるむきもある。ただ，負債は国民全員，資産は国民のなかに偏りがあるという点で，負債を抱える者と資産保有をする者は同一ではない。今後，どのように，負担を求めていくのが公平な

のか，考える必要がある。

　世界の高負担国では，どういった税目を採用して高負担を実現してきたのだろうか。図表1－1，1－2をざっとみて，所得税や住民税などの個人所得課税と，消費税などの一般的消費課税が日本より高そうである。なかでも，大きな租税負担率に寄与しているのは個人所得課税。OECDの国をよりていねいにみると，デンマークの26.4％を筆頭に，12％以上が6カ国。これに当てはまらない国々の多くは社会保障負担が大きい。ノルウェーは，どちらもそれほど大きいとはいえないが，この国は法人税など企業所得課税が異常に大きい。ここに出ていない税も含め全体にバランスよく配分されているイタリアを除けば，多くの国々は，個人か法人かはともかく，所得に応じて負担を求める税や社会保険料にウエイトがかけられている。ヨーロッパは，20％前後の高い付加価値税，すなわち日本の消費税に相当する税を課していることで知られるが，所得・利益をベースとする税を集めることにも熱心であることをみておかねばならない。

　確かに日本の一般消費課税負担も国際的には小さいため，日本では，高齢社会の財源として消費税が真っ先に議論されるが，財源候補はこればかりとは限らない。日本の企業所得課税は負担が大きい方であったが，近年の税率引き下げと平成不況のなかで減少傾向にあり，2009年には，この税までOECD平均を下回った。さらに，社会保障負担を被用者負担分と事業主負担分に分けてみると，日本がほぼ1：1であるのに対し，OECD平均では，ほぼ1：1.7。これを含めてみると，日本の企業負担は大きいとはいえない。それにもかかわらず，今日でも，法人税は，引き下げを求める圧力が強い。消費税引き上げ論は，企業が社会保険料負担増から逃れたいがための方便といった面もある。

　それでは，公共部門の大きさはというと，**図表1－3**によれば，かつて大きかった公共投資部門も縮小傾向にあり，全体として大きい方とはいえない。公務員人件費の規模も大きい方ではなく，むしろ日本は小さい政府といえる。**図表1－4**によりOECDとの比較でみれば，税や社会保障の負担と同様，OECD平均を下回り，OECD諸国のなかでの順位をみれば，下から数えた方が早いと

図表1-3 国民経済に占める財政の役割（国際比較）

		対国内総生産比（％）								
		政府最終消費支出	うち人件費	一般政府総固定資本形成	現物社会移転以外の社会給付（年金、失業給付等）	その他	うち利払費	土地購入（純）	うち補助金	一般政府総支出（合計）
日　本	2001	17.5	6.6	4.9	10.5	5.3	3.1	0.7	0.8	38.2
	2010	19.6	6.2	3.2	14.0	4.1	2.4	0.3	0.6	40.9
アメリカ	2001	14.8	9.8	2.5	11.2	6.4	3.2	0.1	0.6	35.0
	2010	17.5	11.0	2.5	15.6	6.9	2.6	0.1	0.4	42.5
イギリス	2001	19.0	10.1	1.5	12.9	6.8	2.3	▲0.1	0.4	40.2
	2010	22.8	11.4	2.5	15.1	9.8	2.9	▲0.1	0.6	50.2
フランス	2001	22.8	13.2	3.0	17.1	8.7	3.0	0.1	1.5	51.7
	2010	24.8	13.4	3.1	19.6	9.2	2.4	0.1	1.7	56.6
ドイツ	2001	19.0	8.2	1.8	18.2	8.6	3.1	▲0.1	1.5	47.6
	2010	19.7	7.9	1.6	17.3	9.2	2.5	▲0.2	1.1	47.9
スウェーデン	2001	26.3	15.5	2.9	16.7	8.6	2.7	▲0.2	1.5	54.5
	2010	26.9	14.7	3.5	15.3	7.0	1.1	▲0.2	1.5	52.8

（出所）　諸外国はOECD Stat Extracts「National Accounts Dataset：12. Main aggregates of general government」。日本は国民経済計算（内閣府）。
（注）　一般政府とは，国・地方及び社会保障基金といった政府あるいは政府の代行的性格の強いものの総体（独立の運営主体となっている公的企業を除く）
出所：財務省HPより。

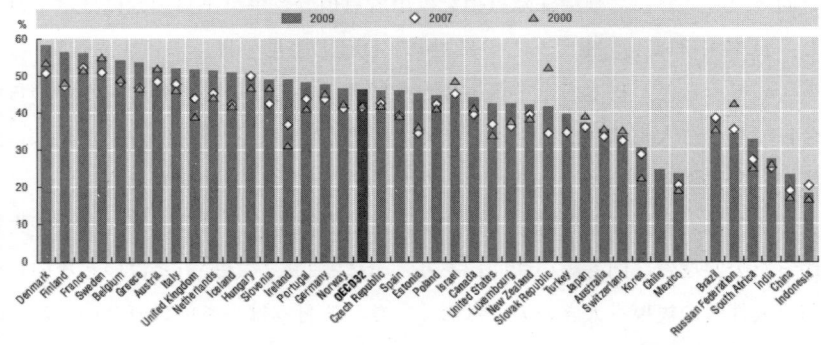

図表1-4　一般政府支出の国際比較―2000年，2007年，2009年

Source: For OECD countries: OECD National Accounts Statistics. For the other major economies (excluding the Russian Federation): International Monetary Fund (2010), Economic Outlook, April 2011, IMF, Washington DC.

出所：Government at a Glance 2011, OECD.

図表1-5　政策分野別社会支出の対国内総生産比の国際比較（2007年）

(単位：%)

	高齢	遺族	障害,災害,業務傷病	保健	家族	積極的労働政策	失業	住宅	生活保護その他	合計
日　　本	9.12	1.29	0.96	6.27	0.79	0.16	0.31	−	0.26	19.15
アメリカ	5.30	0.70	1.47	7.38	0.66	0.11	0.33	−	0.55	16.50
イギリス	6.34	0.14	2.47	6.83	3.24	0.32	0.39	1.43	0.17	21.32
ドイツ	8.65	2.06	2.92	7.85	1.88	0.72	1.38	0.61	0.17	26.24
フランス	11.16	1.85	1.90	7.49	3.00	0.90	1.36	0.76	0.35	28.75
スウェーデン	8.98	0.54	5.41	6.58	3.35	1.10	0.67	0.47	0.59	27.69

（注）　OECD Social Expenditure Databaseでは，支出だけを集計しており，財源についての集計は行っていない。
（出所）　国立社会保障・人口問題研究所HPより。

いう点で，負担も支出もほぼ同じ位置にいる。

　また，**図表1-5**で社会支出の状況をみると，GDP比でみた社会支出の規模はやはり大きい方ではない。ただ，（高齢）年金と（医療）保健のところは，それほど小さいわけではない。国民が不安をもつ年金，医療の規模はまあそこそこの水準。他の国と比べ，ここに集中投資しており，むしろそれ以外の，家族給付や住宅，失業など生活全体への社会支出，現金給付以外の政策などが遅れている。日本とアメリカは社会支出の8割が年金，医療支出で占められるのに対し，ヨーロッパの4カ国は6割前後に過ぎない。

　整理してみれば，これまでの日本は公共事業で雇用創出。社会支出は年金，医療に特化。低い税負担に国債を加えて政府規模を若干少し大きくしていた分，中福祉低負担といえる。世界最低負担水準の個人所得課税，一般消費課税が税収確保を妨げ，租税負担率も低い水準。社会保障負担は，OECD平均を若干上回るものの小さい租税負担をカバーできていない。それでも国民の税負担感は大きく，さらに小さな政府を求め公共部門を減らし，サービス低下と雇用不安を招く中で，さらなる減税期待と将来不安を抱えているといったところだろうか。

第Ⅰ編　グローバル財政論

3　公共部門，企業部門，家計部門

　人間の一生はいまや男性は80年，女性は86年にもなってきた。人は，生まれ，育てられ，教育され，通常は数十年の間，働いて収入を得て生活する。歳をとって働くのをやめた後には，いわゆる老後の生活となる。会社や団体に勤めたり経営したり，働いて収入を得るという行為。結婚，出産，子育て，教育，介護など，収入確保とは直接かかわらない人間生活関連の活動。こうしたことが組み合わさって一生が構成される。その間，常に健康でいられる者もそう多くはないであろう。

　先ほど述べたように日本の個人所得課税負担は低い水準だが，その理由は，消費税導入に向け，税率引き下げを進めてきたこととバブル崩壊の影響による。しかし，より根本的原因は，結婚した，子どもができたなど家庭内の負担増にかかわる事柄を，公共部門からの給付ではなく，所得税負担を減らすことで対応してきたことである。それも，所得を減らす所得控除制度をとることで，限界税率の高い高額所得者に，より減税効果の大きい方法で対応してきた。これを，大企業を中心とする企業内福祉によるさまざまな手当が補強してきた。すなわち，家庭内の事柄は，税を払わなくてよいことと勤務先に頼ってきたということであり，政府の役割は，この分野で小さいものだった。また，こうした所得控除による減税は，政府からサービスを受けた感じがしないため，政府への信頼の基礎とはなっていない。

　しかしながら，仕事の面では，終身雇用・年功序列・企業内組合をベースとする日本的経営の崩壊，非正規労働の増加，家庭内では核家族化，働く女性の増加に伴う専業主婦の減少，少子化および高齢者比率の増加，ここ数十年の変化は極めて大きくなってきた。かつては，人間生活関連の活動の多くを人手がある家族内で対応できていた。比較的大きな企業に勤めていれば，配偶者手当，児童手当，住宅手当，退職金，企業年金など，家庭内福祉を手助けしてくれる制度もあった。ときには，休みに出かけるための保養所も用意されていたかも

しれない。

　企業という傘，家族という傘，こうしたものが小さくなってきているなかで，今後は公共部門という傘の張替えが問題となるのである。公園，公共体育館，公共図書館，公共サービス，さらに公的医療，公的年金。公であることの意味は，料金や保険負担のみで運営されていないため，利益を見込んだ商業ベースの料金設定よりも安い，多くの人が利用できる，ときには無料。それでいて，それを供給する側の人々の立場も保障されるというものであった。公共部門について，今一度考えてみる必要がある。

4　ヨーロッパの消費税（付加価値税）

　周知のように，EUは税制統合を進めており，その主要なものの一つは付加価値税（一般的消費税）である。この税制は，日本の消費税のベースとなったものだが，インボイス方式（日本は当初，帳簿方式，現在請求書保存方式）をとっていること，複数税率をもっていること（日本は単一税率）に主な違いがある。

　EU指令では，税率15％以上の標準税率を設定し，5％以上の軽減税率を一つないし二つ置くことができるとされており，また，靴修理や窓掃除など労働集約的な一部の仕事については，試験的に軽減税率を設定してもよいことになっている。なお，還付により実質的に負担がなくなる「ゼロ税率」の国内取引への採用は，還付される業者と前段階で課税される業者との不公平が生じることもあり，EUとしては基本的に認めていないが，イギリスやアイルランドでは，ゼロ税率の適用範囲が比較的広く，食料品，書籍，子供服・靴などに適用されている。イギリスの場合，1973年EEC加盟に伴い付加価値税導入となったが，その前の間接税である物品税制時代から食料品などに間接税をかけておらず，社会政策として機能していた。1990年には地方税に人頭税（コミュニティー税）導入を実施したサッチャー政権でさえ，付加価値税のゼロ税率廃止には踏み切れなかったのである。

　スウェーデンの付加価値税は1990年以降，標準税率が25％。他の北欧諸国は

現在，デンマーク25％，フィンランド23％，EU非加盟国であるがノルウェーが25％，アイスランドが25.5％である。北欧の付加価値税率は概して高いといえるが，25％はEUのなかでも最も高い部類である。スウェーデンの付加価値税の軽減税率は，12％と6％。ホテル宿泊，ソフトドリンクなどの飲料が12％。スポーツ施設の利用や入場料，バスや電車，飛行機，船などの交通料金，演劇入場料，書籍や新聞・雑誌が6％となっている。レストランの場合，そこで食べれば25％，持ち帰りの場合12％（イギリスではゼロ税率）となる。また，NPOの会員向け雑誌や病院処方の薬のみゼロ税率となっている。スウェーデン式は，所得税と同じく，付加価値税についても基本的には標準税率で課税する方向で，社会政策は財政支出でということになっていることが特徴である[3]。

　このように，ヨーロッパの租税の高負担国家，その多くでは20％前後の付加価値税をもつが，こうした国々は，財政規模が大きく，概して普遍的社会サービスを提供している。すなわち，生活困窮者や低所得者等一部の対象者向けのいわゆる選別主義的サービスではなく，国民一般にサービス展開されており，その範囲や規模も大きい。こうした国々では，所得に対し逆進的といわれる付加価値税等一般消費課税の問題点は，それほど大きな問題とはならない。標準税率25％のデンマークには，ゼロ税率はほとんどなく，軽減税率もない。その点，日本では，低所得者といえどもセーフティネットの枠からはみ出ることも多く，軽減税率や給付付き税額控除など，何らかの逆進性緩和措置に関心がもたれる一因となっているといえる。必要な社会政策が充実していれば，逆進性は大きな問題ではないのである。

　ヨーロッパの付加価値税は，海外ではぜいたく品とまではいわなくとも，生きていくのに最重要と思われないものは20％前後の高い税率であるが，生活必需品や政策的配慮の必要なもののみゼロ税率か軽減税率が適用される。日本の標準税率5％とヨーロッパの軽減税率を同等と考えてみれば，日本は，生活必需品でないものまで5％の低い税率にしているともいえる。日本における消費

---

3) VAT Rates Applied in the Member States of the European Union, European Commission, 7/2012.

税引き上げ論では，ヨーロッパの高い標準税率と日本の標準税率を比較しているが，下から見上げると（軽減税率の側から見上げると）景色がずいぶん変わって見えるのである。

5 家計収入の使い道

　家計収入は，消費に回すか貯蓄するか，公的負担とするか。もし，税や社会保障負担がなかったとしても，得られた収入をすべて使えることにはならない。公的負担をしなかった分，将来のため，何らかの形で貯蓄や自己負担を増やさねばならない。公共サービスが低下するとなればその分の新たな負担が必要となってくる。公共部門に警察，消防といったサービスを依存しないなら，住民は，自ら警備保障会社などと契約しなくてはならないし，公的年金や医療保険でなければ，民間の保険に加入するかもしれない。要は，貯蓄を自分で（民間で）するか，公共部門に託すかの違いなのである。

　平均年齢が上昇するなかで，20歳前後から60歳前後まで働くとしても，その間，結婚や子育て，教育，リタイア後の生活などさまざまな場面に遭遇する。収入は低いが自由な部分の大きい青年期。収入が増えてもその分抱えるものも増えてくる中年期。このあたりは，何人家族か，共稼ぎか片稼ぎか，健康状況は，などさまざまな要因によって異なる。結婚しないという選択をする人もいるかもしれない。そして，年金中心の生活となる老年期。収入をすべて使えるわけではなく，歳をとる過程で生涯収入をバランスよく配分することになるだろう。

　税や社会保険料の負担感が大きければ，公共部門は大きすぎる，もっと小さく，民営化や民間委託へとの論に向かうことになる。日常，民間の商品やサービス購入の負担感が大きければ，生活費がかかる，物価が高いといった観点から公共サービスへの期待が高まることもあるだろう。国民それぞれの立場によっても違ってくるものであるが，一般的には，国際競争にさらされ海外に工場（土地）や従業員を求めることで価格の引き下げ可能性も大きい民間部門と

第Ⅰ編　グローバル財政論

国内でサービス展開し，再分配機能も求められる公共部門では，後者にハンデがあるのは仕方のないといえるだろう。こうしたなか，進められてきた指定管理者制度など行政の民営化は，大きな壁に当たっているようだ。公より民は効率的で安いといわれるが，そのコスト削減のほとんどは人件費や原材料の質の低下から生じている面は否めない。

　また，企業は，派遣，パート・タイムやアルバイトを戦力として期待し，雇用の調整弁としてきた。公も含め，スリム化，リストラクチュアリングを進めると，こうした雇用形態が拡大せざるをえない。女性が仕事をもつことが一般的となり，ヨーロッパ諸国に比べ，長い労働時間，育児休暇などの女性雇用制度の不十分さにさらされるなら，男性を含め家庭の大人がみな疲れきった状況になる。子どもにとってもいいとはいえないだろう。ヨーロッパのよいところだけを真似することはできない。収入や負担面などでヨーロッパ並みとなることを考えなくてはならない場面も出て来ざるをえないのである。

　日常生活を簡素にする，お金をあまり使わなくても，環境に負荷をかけずとも生活，レジャーを楽しむ方法を考える必要がある。

6　おわりに

　日本では，企業や個人の税金が高ければ国際競争力が落ちるといわれるが，北欧の1人当たりGDPは日本よりも高く，世界のトップクラスである。また，少人数教育，考えさせる教育で教育レベルは高く，女性の社会参加レベルも高い，さらに自殺率も概して低い。世界一税金の高いデンマークやスウェーデンがなぜ世界最低の国際競争力ではないのだろうか。

　国際競争力のためだから税負担は小さければ小さいほど良いといって所得税，法人税をどんどん下げてきて，国債三昧。そうしたら財政たいへんだ，財源もないのにばらまきだ，少子高齢社会だとして，消費税増しかないという。日本の公共部門は大きすぎるから小さく，民間に任せよう，民間にすれば効率性が高まりものは安くなる。これまでいわれてきたことを，歴史と国際比較のなか

から改めて検証していくことが必要となる。

　スウェーデンの福祉国家への道は，20世紀に入って，低所得者など困っている人に向けた福祉政策から，所得のあるなしにかかわらない国民一般に向けた社会支出への転換とともに進められ，1960年代以降大きく発展してきた。年金，医療，住宅手当，児童手当，雇用政策，労働時間の短縮，多岐にわたっている。負担も，1960年代には他の北欧諸国と同様ヨーロッパの平均的レベルだったが，今日，OECD諸国のなかで税や社会保障負担が最も大きい国の一つとなっている。日本では，高齢者と働き手の関係について，3人，4人の働き手が1人のお年寄りを持ち上げる状況から1人が1人を持ち上げる状況になるとして，将来は御神輿が肩車になるなどと漫画的に表現する。将来不安をあおっているが，公共部門がなければ再分配がなければ，一人っ子同士の結婚の場合，2人で4人を持ち上げなければならない。公共部門の再構築で，上に乗る人にとってもかつぐ人にとってもちょうどいい肩車の作り方を考えなければならない。

　世界最低レベルの税負担に世界最高レベルの借金財政である日本。日本人は自分たちのことを勤勉でよく働く「蟻」だと思っているかもしれないが，とっくに「きりぎりす」である。北欧の人々は，日本人ほど金銭的に贅沢な暮らしをしていないし，またできない。企業内福祉と家庭内，親族内福祉に期待できた高度成長期ならば，発展途上で欲しいものがあふれる時代であれば，産業発展，産業基盤整備，減税と財政投融資によって個人や企業を支えることでうまく機能していたといえるが，今日，こうしたものの傘が破れかけているなか，公共という傘をしっかりさせないと，幸せは訪れない。役所の無駄遣いの見直しとともに，われわれ個人の無駄使い，生活の見直しにもとりかかる時がきているのである。

　財政の建て直しができないまま，東日本大震災を迎えてしまった今日，原発の安全神話が崩れた今，国債発行は大丈夫というのも，神話に過ぎない。埋蔵金，何かやってくれそうな政党やリーダーを求めてさまようのではなく，国民は企業は何ができるのか。再分配機関たる財政へ負担者として参加する，ここまでならできるという範囲について公平の観点から再考が求められている。

世界の財政

第2章

欧米の経済動向と財政

> 20世紀の世界経済を牽引してきたアメリカ合衆国は，国内総生産（GDP）はいまだ世界一を誇っているが，世界経済に占めるその地位と影響力は年々低下している。またヨーロッパも通貨統合まで進めた欧州連合（EU）は，ソブリン危機により弱体化している。財政の舵取りがどこも非常に難しくなっている。欧米の経済動向と財政の現状をみよう。

1 主要国の経済動向と財政状況

(1) 世界経済の現状と今後の見通し

ここ数年の世界経済の動向をみると，2007年の夏にアメリカでサブプライム住宅ローン問題[1]が発生し，これを契機に金融市場は混乱に陥り，2008年9月にはリーマン・ブラザーズが破綻するに至って世界的な金融危機が起こった。これに対してアメリカのオバマ大統領は，先進諸国に協調して財政出動をGDPの2％程度行うよう呼びかけた。日本は当時の麻生内閣が2009年度の第

---

[1] サブプライム住宅ローン問題とは，信用力の低い人に将来の住宅価格が上昇することを見込んで住宅ローンを組ませ，価格の下落とともに返済が滞り，ローン返済受取権を証券化した金融商品が暴落したこと。

第Ⅰ編　グローバル財政論

　1次補正予算を早々と4月に組んで緊急の財政出動を実施し，欧州先進国の一部も同調した。こうした早急の政策対応で，2009年半ばには世界経済は底打ちしてわずかながら回復傾向をみせた。しかし今度は2009年10月，ギリシャ政府の政権交代で国家の粉飾決算が判明したことで国債の格付けが引き下げられ，これをきっかけに2010年にかけていわゆるソブリン危機[2]が欧州連合（EU）に広まり，再び世界経済を金融不安へと陥れた。

　2012年現在，世界経済はこうした2度の金融危機から完全には脱却しておらず，また多くの先進国は財政収支は悪化したままである。財政出動による景気対策の余地はなく，むしろ緊縮財政が求められ政府には非常に難しい舵取りが迫られている。また世界経済を支えてきた新興国もこれらの危機で減速傾向が鮮明になっており，これまでのような2桁の成長は当面は見込めない。今後の先行きは不透明なところが多い。

　全世界の国内総生産（GDP）の現状と今後の成長見通しをデータでみてみよう。国連の統計（National Account 2011）によると，2010年現在で名目GDPの総額はおよそ63兆ドルである（**図表2－1参照**）。これを地域別の構成比でみると，最も多いのがアジアで31.4％を占めている。このうちGDP世界第2位に上がってきた中国は9.1％，第3位に転落した日本は8.7％である。また新興著しいインドはまだ2.7％である。つぎはヨーロッパで30.1％を占めている。ここではGDP世界第4位のドイツが5.2％，第6位のフランスが4.1％，第7位のイギリスが3.6％と続いている。また欧州連合（EU）27カ国の割合は25.7％である。そして北アメリカ（米国，カナダ，メキシコ）が27.7％であり，このうちアメリカは22.9％を占め，もちろん世界最大のGDPシェアを誇っている。

---

[2]　ソブリンとは国のことであり，ソブリン危機は正確にはソブリン債務危機で国家の債務が返済不能となるリスクが高まることをいう。

第2章　欧米の経済動向と財政

図表2-1　世界の名目GDPの構成比（2010年）

	地域	国	構成比　％
世界計	（GDP総額63.0兆ドル）		100.0
	北アメリカ		27.7
		アメリカ	22.9
	ヨーロッパ		30.1
		ドイツ	5.2
		フランス	4.1
		イギリス	3.6
		イタリア	3.3
		ロシア	2.3
		スペイン	2.2
	うちEU加盟国（27か国）		25.7
	アジア		31.4
		中国	9.1
		日本	8.7
		インド	2.7

出所：総務省統計局

　現状では先進国と新興国のGDPの比率はおよそ3対2で依然として先進国の比率が高いが、今後、アジアや南米を中心とした新興国の成長は勢いはやや衰えたものの依然として先進国と比べれば高い成長率が見込まれているため、やがては逆転しよう。また**図表2-2**は、国際通貨基金（IMF）が公表している世界経済の見通しである。世界経済の見通しは2012年から13年にかけて3.5％から4.1％へと改善を見込んでいるが、地域別では後述するように、2010年に生じたソブリン危機の影響でユーロ圏は2012年はマイナス成長であり、2013年もわずか0.9％である。また先進国も同じく1.4％と2.0％と低い。これに対し新興国は5.7％と6.0％で世界経済を牽引する状況は続く。

　国別でみると、ソブリン危機で国債の利回りが危険水準と言われる7％を超えたイタリアとスペインではマイナス成長が見込まれている。また欧州先進国

も厳しい状況である。一方，2004年来2桁の成長を続けてきた世界第2位の大国となった中国も2011年から1桁となり，2013年も2桁にはとどかないと予測されている。またBRICS[3]のロシア，インド，ブラジルも勢いは弱い。日本も東日本大震災からの復旧・復興に当たって2011年度は4次にわたる補正予算を組んだこともあり2012年は2.0％のプラス見通しであるが，回復の足取りは必ずしも強くない。

図表2-2　IMF世界経済の見通し（実質）

	2010年	2011年	2012年見通し	2013年見通し
世界経済（購買力平価ベース）	5.3	3.9	3.5	4.1
先進国	3.2	1.6	1.4	2.0
新興国	7.5	6.2	5.7	6.0
ユーロ圏	1.9	1.4	▲0.3	0.9
米国	3.0	1.7	2.1	2.4
ドイツ	3.6	3.1	0.6	1.5
フランス	1.4	1.7	0.5	1.0
英国	2.1	0.7	0.8	2.0
スペイン	▲0.1	0.7	▲1.8	0.1
イタリア	1.8	0.4	▲1.9	▲0.3
中東欧	4.5	5.3	1.9	2.9
ロシア	4.3	4.3	4.0	3.9
日本	4.4	▲0.7	2.0	1.7
中国	10.4	9.2	8.2	8.8
インド	10.6	7.2	6.9	7.3
ブラジル	7.5	2.7	3.0	4.1

注：元データはIMF，2010年
出所：経済産業省「平成24年通商白書」

3）　BRICSは当初ブラジル，ロシア，インド，中国のBRICsであったが，2011年に南アフリカが加わりBRICSとなった。

(2) 不安定な世界経済と険しい財政健全化への道のり

　リーマン・ショックに至った経緯を改めて振り返ると，2000年代前半から始まったアメリカの住宅バブルは，日本のかつての土地神話にも似た住宅価格が上がり続けるという前提で，金融機関が低所得者にも巨額の住宅ローンを組ませてきたことが背景にあった。こうした信用度の低い住宅ローンは，やがて証券化して金融派生商品としてアメリカのみならず世界に流通していった。デフォルト（債務不履行）のリスクが高いため金利が高いこれらの証券は，わが国含めて世界の金融機関で保有され，その総額は兆円単位を超えて京円単位にまで上るのではないかとまで言われた。住宅価格が2006年頃にピークアウトし下落に転ずると，ローン返済が滞り始め証券は紙くず同然となり，世界金融危機をもたらしたのである。なかでもアイスランドは3つの主要銀行が破綻し，国家財政もIMFからの支援を余儀なくされる事態となった[4]。

　世界的な金融危機がここ数年のうちに2度も起こったが，これに対して先進主要国は協調して景気対策の財政出動を行った。その結果，2009年初めにはアジア新興国の持ち直しから世界経済も底打ちが少しみられるようになり，欧州経済も緩やかな回復の兆しも一部にみられた。しかし回復の足取りは弱く，南欧では失業率が高止まりしているうえに，財政収支の悪化から各国政府は緊縮財政を余儀なくされ，これが景気の失速を招いている面もある。一方，ドイツは一部の経済指標に明るさも出てきており，欧州経済は二極化の様相もみえている。

　ここで主要国の財政状況をみると（**図表2－3**），一般政府（中央政府＋地方政府＋社会保障基金）財政収支対GDP比は2008年から2009年にかけてどこの国も財政赤字が拡大している。とくにギリシャはマイナス15.4％という巨額の赤字を計上し，また財政収支が安定的であったドイツもマイナスとなった。しかし2010年，11年にかけては改善がみられた。債務残高の対GDP比に関しては，日本が200％を超えて突出して高いが，国債海外保有率をみると，日本が5％

4）　アイスランドはその後は緊縮財政で健全性をとりもどしたが，当時の首相は金融危機に際して適切な対応をとらなかったことで過失を認め有罪の判決を受けた。

第Ⅰ編　グローバル財政論

図表2－3　日米欧の財政比較

	日本	アメリカ	イギリス	フランス	ドイツ	ギリシャ
一般政府支出の対GDP比2011年	40.9	42.5	50.2	56.6	47.9	49.6
一般政府財政収支の対GDP比						
2008年	▲3.3	▲7.6	▲4.8	▲3.3	0.1	▲9.8
2009年	▲9.3	▲12.1	▲10.8	▲7.5	▲3.0	▲15.4
2010年	▲8.5	▲11.1	▲10.3	▲7.0	▲3.3	▲10.5
2011年	▲8.7	▲10.8	▲8.7	▲5.6	▲2.1	▲9.5
債務残高の対GDP比　2011年	212.7	101.1	88.5	97.3	87.3	149.6
国債海外保有比率　　同	5	48	30	34	53	71

（参考2011年）		億円	百万ドル	百万ポンド	百万ユーロ	百万ユーロ
一般会計ベース歳出決算総額		927,167	3,818,819	657,500	286,390	305,800
同　円換算（兆円）注1		93	306	82	29	31

注1　円換算 $ ＝80円，£＝125円，€＝100円。
出所：財務省資料等より作成

であるのに対しギリシャは71％と多くが海外で保有され，他の欧米も30％から50％の保有率となっている。しかし第8章でも触れているように，最近は日本の金融資産は高齢化や成長の鈍化で年々減少しており，国債をこのまま国内で買い続ける余力はなくなっている。

2　アメリカの経済政策と財政

(1)　G. W. ブッシュ政権からB.オバマ政権の政策

2001年1月に第43代のアメリカ合衆国大統領に就任した共和党G.W.ブッシュ大統領は（第41代G.H.W.ブッシュ大統領の子息），景気が減速しつつあるなかで公約した経済成長のための大型減税を成立させた。所得税を含む大型減税は2001年から11年間で1.35兆ドルを減税するものであった。しかし同年に9.11同時多発テロが発生し，多くの国を巻き込んでテロとの戦いが始まった。

ブッシュ大統領により2003年3月に開戦したイラク戦争は，巨額の戦費を投じたため2004年の財政収支は過去最悪の赤字を記録した。しかし2005年から06年には景気回復で税収が伸びる一方，非安全保障分野の裁量的経費の伸びを削減し財政赤字は改善に向かった。ところが2007年からのサブプライム問題への対応で景気刺激策や金融危機対策で財政収支は2009年に再び過去最大の赤字を記録した。2010年は金融支援策などで経済は持ち直して財政収支は若干の改善となったが，足元の経済は脆弱であり財政収支は赤字基調が続いた。

　共和党から政権を奪って2009年1月に就任した民主党オバマ大統領は，財政健全化を1つの政策テーマとし，ブッシュ政権から引き継いだ財政赤字を4年の任期内に半減させることを目標に掲げ，さらに2015年度までに基礎的財政収支の均衡を目指す取り組みを始めた。しかし共和党の小さな政府を目指した歳出カットと減税要求の前に，オバマ大統領の財政運営は予算法案が阻止されるなど厳しい政治情勢が続いた。民主党は社会保障改革とともに富裕層を含む増税を主張したのに対して，共和党はあくまで減税を主張して譲らず，ついには差し迫った連邦政府の債務上限引き上げ問題にまで及んだ。幸い最終的に両党の合意で債務上限は引き上げられたが，両党の財政政策の違いが鮮明となり，2012年11月の大統領選の大きな争点の一つとなった。

(2) 今後の財政見通し

　2012年11月に大統領選が行われるが，現時点（2012年8月）では民主党オバマ大統領と共和党候補の支持率は互角と報じられている。現職が有利に戦うためには，経済状況の改善が最も有効である。しかし世界経済をみると，EUのソブリン危機は依然として先行き不透明な状況であり，新興国の回復も力強さに欠け経済環境は必ずしもよくない。また国内経済も雇用環境は失業率が2010年に10％を超えその後も9％から8％台で高止まりし，非農業部門の雇用者前月比増減数は2010年10月から増加に転じ2012年には20万人を超える月もあったが年央にかけて10万人台に下がった。

　アメリカ経済は現時点では方向感の定まらない状況ではあるが，底堅く推移

している。今後，次節で述べるように，欧州経済が落ち着きを取り戻し，新興国を含めて世界経済が好循環を取り戻すようだと，アメリカの財政収支も改善しようが，その前にアメリカ財政には「財政の崖」(fiscal cliff) の問題が突きつけられている。これは前述のブッシュ大統領が2001年に決めた大型減税が2012年末に期限切れを迎え，また2011年成立した予算管理法で2013年1月から国防費を中心に10年間で最大で1兆2,000億ドルの強制的な歳出削減が始まることを問題視しているのである。このまま議会が対応しないと，税負担増と強制的な歳出削減が実行されるため2013年のGDPはマイナス2％程度押し下げられるとの試算もある[5]。アメリカ連邦議会も大統領と上下両院のねじれ状態がいずれの大統領が選ばれても続くことが見込まれる。「財政の壁」をどう2013年からの大統領と議会が克服するか注目される。

3　欧州連合（EU）の経済動向と財政政策

(1)　EUの経済状況とユーロ圏のソブリン危機の動向

　今日の欧州連合（European Union）がスタートしたのは，1992年に欧州連合条約（マーストリヒト条約）が欧州諸共同体間で協議がまとまり1993年に発効してからである。マーストリヒト条約では，①共通通貨としてユーロ（euro）の導入，②外交・安全保障政策の共通化，③警察協力・難民対策などの各国協調を目的とした司法・内務協力，の三つの柱からなっている。通貨統合は1999年から始められたが，参加するためには為替相場変動メカニズムに参加し，財政赤字がGDP比3％以内，長期債務がGDP比60％以内という条件が課された。

　通貨統合ユーロのスタートは，1999年1月，当時はEU加盟15カ国のうち11カ国が共通通貨ユーロの採用を決定し，これにギリシャが加わり2002年1月に12カ国でユーロ通貨として流通が開始された。その後，5カ国が加わり現在は17カ国がユーロを採用している[6]。なお，イギリスは当初からEUに距離をお

5）　日本総研「アメリカ経済見通し」Business & Economic Review 2012. 8, p.28。

いており通貨統合には加わらず，またスウェーデンとデンマークは国民投票で参加を見送った。したがってイギリスはポンド，スウェーデンはクローナ，デンマークはクローネを通貨としている。

(2) EU財政の今後

EUは経済圏としてはこれまで順調に推移してきたが，ソブリン危機を契機に統合にほころびが出てきた。ソブリン危機は，南欧の経済力が弱く財政規律が順守されていない国をドイツなどの経済大国がどう支え調和していくのか，今後のユーロ圏のあり方に問題を投じた。これはまた同時に，「民主主義の赤字」の問題も提起した。これは各国の立法権が奪われ，行政府の代表によってEUで決められることを問題とするのである。金融財政という内政問題も欧州中央銀行（ECB）が決定し，金利や財政政策も強制される。

ソブリン危機ではECBから支援を受ける国は緊縮財政が義務付けられ，予算にも注文がつけられた。これに対して2012年6月に実施されたギリシャの総選挙では，緊縮財政に反対する野党の急進左派が国民の支持をえて躍進した。これはまた支援する側のフランスでも自国の経済成長を重視し支援に否定的な立場を表明してきたオランド氏が大統領に当選し，ドイツも地方議会選挙で同様の動きが鮮明になっている。

今後，ギリシャなどユーロ加盟国の離脱はありえるのか。国債の格付けでは**図表2-4**に示してあるように，ギリシャはCCCでジャンク債同様の評価である。EUからの支援がなければ財政資金はスペインも含めて調達できない状況である。政策選択としては緊縮財政のもとで財政再建を進めるしかないのであるが，国民は高い失業率の下で「ノー」を突きつけている。EU経済圏そしてユーロ圏の財政運営を今後どうかじを取っていくか，難しい決定がEUという超国家組織と各国の自治との間で綱引きをしながら難しい選択が迫られている。

---

6) ユーロ加盟国は，2007年スロベニア，2008年キプロスとマルタ，2009年スロバキア，2011年エストニアが加わった。

図表２−４　スタンダード＆プアーズによる国債格付け（2012年６月時点）

AAA	イギリス，ドイツ，カナダ，オーストラリア，スウェーデン，デンマーク，ノルウェー，フィンランド
AA＋	アメリカ，フランス，オーストリア
AA	ニュージーランド，ベルギー
AA−	中国，日本
A＋	スロベニア，
A	韓国，スロバキア
A−	マレーシア，タイ，マルタ
BBB＋	スペイン，南アフリカ，タイ，イタリア
BBB	ロシア
BBB−	ブラジル，インド，
〜	
CCC	ギリシャ

4　おわりに

　欧米先進諸国の経済と財政状況を概観したが，1960年代の成長を謳歌した時代からみれば，今日の状況はかつていみじくもギリシャ人が考えたカオス（Chaos）の様相を強めている。60年代の成長は生産年齢人口の増加と技術革新によって世界経済が拡大を続けた時代であるが，それがいまは成熟社会のなかで老齢人口の増加で閉塞感が広まりつつある。

　いつの時代でも，人類は豊かに平和に暮らしていく方途を探し，実現していくための努力を惜しんではならない。幸いなことに，イデオロギーの違いで世界を二分させてきた争いは収まった。しかし，平和な民主国家のもとでも不況は保護主義やブロック経済化を加速させる。前述のように，超国家のEUと自国の民主主義は時として対立する。ギリシャやスペインへの支援が滞るのもそこに一因がある。とはいえ，人類の英知が再び民主国家の繁栄を築いてくれるものと信じたい。

世界の財政

第3章

韓国の経済発展と財政

　1960年代以後，韓国経済の高度成長は政府主導型成長と言われ，すべての分野にわたって国家の役割が肥大化した。このため行政機関の役割は無視することはできない。事実，資本蓄積に直接的に寄与した政策手段は財政政策と金融政策であった。しかしながら，1996年のＩＭＦ金融危機以後，韓国は国際化への対応を迫られ，それまでの政策手段を変えることになった。同時に，金大中政権の発足により地方分権化も進められ，経済システムと国内統治システムの改革が進むことになった。
　本章では現代韓国の政治制度や行政機構を俯瞰した後，韓国の財政制度の特徴を説明するものである。

1　韓国の政治体制と組織

(1)　韓国の政治体制

　1948年の建国以来，大韓民国（以下，韓国）は共和憲政体制を有する大統領制の国家である。現在まで憲法は9回の改憲を経てきたが，憲法制定と韓国政体が劇的に変わった第5回目の改憲，それから4回憲法が改正されたことから，それぞれの憲法改正時期の政体は第1から第6共和国と呼称されるようになっ

た。現在の憲法は第6共和国憲法と呼ばれており，1987年10月29日に採択された。この憲法は5年ごとの直接選挙による大統領の選出や再選禁止なども盛り込まれている。第6共和国の政体は1988年に盧泰愚が大統領に就任して以来，現在まで続いている。

韓国の国会は一院制を採用している。国会議員の任期は4年であり，解散はない。定数299議席のうち，245席は小選挙区制による地方区議員であり，残りの54席は各政党の得票率に従って配分される比例代表制で選ばれる。国会は行政府や立法府により作成された法律を発効するほか，予算法案の審議，執行を監視する役割を担う。会期は9月から12月にかけて100日あるが，大統領あるいは4分の1の国会議員が臨時国会を要求した場合，30日を超えない範囲で開催される。ただし，開催の回数には制限がない。

2004年3月に国会は米国のCBOをモデルに国家予算政策処（NABO：National Assembly Budget Office）を設置した。国家の予算決算，基金および財政運用に関連した事項に関して分析や評価を実施し，国会議員の議員活動を支援する。予算分析室，経済分析室，事業評価局，企画管理官室を置き，定員は105人である。

また国会の立法能力や政策開発能力を高めるため，2007年11月に国会立法調査処（NARS：National Assembly Research Service）が設置された。立法および政策を調査・研究し，その研究成果を国会の委員会と国会議員に提供している米国議会調査局（CRS：Congressional Research Service）をモデルとしている。同処の長と専門調査員の約65名で構成される。

(2) 韓国の行政組織

韓国の憲法に基づき，大統領は軍隊の最高指揮官・行政府の最高責任者・国家の象徴として存在する。大統領は国会の承認を得て国務総理（大統領を補佐する職位）を任命し，国務総理の推薦に基づき各部処（日本では省庁にあたる機関）の長官（日本では大臣や長官にあたる職位）を任命する。大統領は国民から直接選挙により選ばれる。任期は5年で再選はできない。

第3章　韓国の経済発展と財政

　図表3－1は韓国の行政府に関した組織図である。行政府は2011年7月28日の時点で2院3室15部2処18庁4委員会を有しているほか，国務会議や民主平和統一諮問会議といった憲法機関を置いている。この組織図では確認できないが，重要政策を審議する最高政策審議機関として国務会議が存在する。国務会議は国家政策に関する基本計画や対外政策をはじめとして憲法第89条1～17に規定している審議事項は必ず審議し，大統領が直接指揮・監督する憲法上の審議機関として位置づけられている。大統領・国務総理と15人以上30人以下の国務委員で構成され，大統領が議長を，国務総理が副議長の任を担う。国務委員は主に各行政機関の長であるが，担当する部や処がない委員もいる。国務委員は大統領や国務総理と対等な立場で国政を審議する。しかしながら審議事項を大統領が執行するとき，行政各部所管事項に関しては大統領と国務総理の指

図表3－1　中央政府の行政機構

企画財政部	教育科学技術部	外交通商部	統一部
国税庁　関税庁 調達庁　統計庁			
法務部	国防部	行政安全部	文化体育観光部
国税庁　関税庁 調達庁　統計庁	兵務庁 防衛事業庁	警察庁 消防防災庁	文化財庁
農林水産食品部	知識経済部	保険福祉家族部	環境部
農林振興庁 森林庁	中小企業庁 特許庁	国税庁　関税庁 調達庁　統計庁	気象庁
労働部	女性部	国土海洋部	
		海洋警察庁 行政中心複合都市建設庁	

- 法制処
- 国家報勲処
- 国務総理室 ─ 特認長官
- 公正取引委員会
- 金融委員会
- 国民権益委員会
- 国務総理
- 監査院
- 国家情報院
- 放送通信委員会
- 大統領室
- 大統領
- 国家安全保障会議
- 民主平和統一諮問会議
- 国家経済諮問会議
- 国家科学技術諮問会議

出典：하이코리아（2012）．http://www.hikorea.go.kr より作成。

揮・監督を受けなければならない。

　大統領直属機関は，監査院，国家情報院，中央人事委員会，中小企業特別委員会，国民苦情処理委員会，国家清廉委員会が置かれており，国家情報院と各委員会の長は大統領が指名する。ただし，監査院の長のみは別である。監査院とは憲法第97条と監査院法第20条の規定により国家の歳入・歳出の決算を検査し，国家と法律が定めた公共団体の会計を検査・監督する。執行に関しても適正化を図るため，行政機関の事務や公務員の職務を監察して行政運営の改善・向上を図ることが役目となっている。すなわち，中央と地方の行政機関，政府出資法人などを監査する権限を有しており，公権力の乱用や公務員の不正に対する調査権も有しているのである。このように他の部処と比較して大きな権限をもつことから，憲法第98条に基づき国会の同意を得て大統領が任命する。その任期は4年であるが，再任は可能である。また大統領所属機関ながらも職務上独立しており，任期が保障されている間は政治的中立性を確保しなければならない。

　企画財政部（企劃財政部．Ministry of Strategy & Finance）は経済政策を企画・総括するほか，租税・外国為替に関する政策，国庫と国有財産の管理，財政政策と国家財政運用計画の作成，予算編成および基金運用計画案の協議調整，予算と基金の執行および成果管理，財政革新と公共革新に関する事務を担当する部処である。傘下機関として関税庁，国税庁，統計庁，調達庁の4つの機関をもつ。

　行政安全部（行政安全部．Ministry of Public Administration and Security）は閣僚会議の庶務，法令および条約の公布，政府組織と定員，公務員の人事・倫理・服務規程・年金，叙勲，政府革新事業，行政の効率性を高めること，電子政府および情報保護，政府庁舎の管理，地方自治に関する事項などを担当する。特に地方自治体の事務支援・財政・税制，地域間格差の是正などの支援，地方自治体間紛争調整，選挙，国民投票，安全管理政策および民間防衛・災害管理制度に関する事務も所管する。この業務遂行のため，傘下機関として警察庁と消防災害庁の2つの機関をもつ。

第3章　韓国の経済発展と財政

(3) 韓国の地方自治

　韓国の地方自治体は憲法第17条第2項に基づき，広域自治体と基礎自治体の2種類に分けている（**図表3-2参照**）。広域自治体は特別市，広域市，道および特別自治道があり，基礎自治体は市と郡および自治区がある。特別市はソウル特別市のみであり，広域市は釜山・大丘・仁川・光州・大田・蔚山の6つである。ソウルは「道」と同じ自治体権限をもち，26の「区（自治区）」に分割されている。また，釜山や仁川などの主要都市も「道」と同じ自治権をもつ自治体であり，「広域市」として「区（自治区）」を有するほか，「郡」もその区域に含むことが認められている。基本的には人口100万人以上の都市である。「特別市」または「広域市」における「区」は，市と同格の基礎自治団体であり，東京都の特別区に相当する。「道」は，日本における都道府県に相当し，「道」の区域は「市」と「郡」から構成されている。「市」と「郡」は「道」の管轄下に置かれる基礎自治団体である。

　「市」は日本の市に相当し，「道」の管轄下に置かれている。原則として人口5万人以上で都市の基本的な要素を備えていることなどが「市」として認められる要件である。

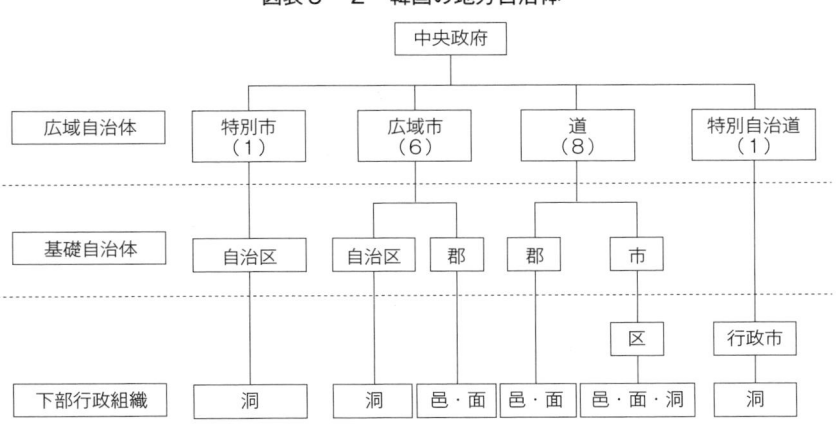

図表3-2　韓国の地方自治体

	特別市(1)	広域市(6)		道(8)		特別自治道(1)
広域自治体	特別市(1)	広域市(6)		道(8)		特別自治道(1)
基礎自治体	自治区	自治区	郡	郡	市	行政市
					区	
下部行政組織	洞	洞	邑・面	邑・面	邑・面・洞	洞

出典：日本自治体国際化協会ソウル事務所（2012）．http://korea.clair.or.kr より作成．

「郡」は，日本の郡に相当するが，「道」または「広域市」の下に置かれている地方自治体である。日本の「郡」は，単に行政区画に過ぎないが，韓国の「郡」は市と同格の自治権をもち，農村部における基礎自治団体としての機能を果たす。

また「区（行政区）」は，概ね人口50万人以上の大規模な「市」に置かれる下部行政単位であり，「邑」「面」は，日本の町や村にあたるが，自治権はなく「郡」の下に置かれる「下部行政単位」である。同じく「洞」も，一般の市，特別市や広域市の区の下に置かれている下部行政単位であり，日本における町や大字などに相当する。

特別自治道とは他の自治体とは異なり，地方自治法上の特別に規定された広域自治団体である。盧武鉉政権下で推進され，2006年に済州特別自治道が設置された。

韓国の地方自治体は1988年の地方自治法および地方財政法の改正により，地方議会と地方自治団体の長を公選により選出できるようになった。1991年に統一地方議会選挙，1995年に知事・市長の選挙が実施され，地方分権化が進んだ。しかしながら，地方自治の歴史は浅く，自治体は政策形成，組織活動，人事や予算といった面で中央政府に大きく依存している。

2 韓国における財政構造の特徴

(1) 予算書の構成

予算書は予算総則，歳入・歳出予算，継続費，明示繰越費，国庫債務負担行為などの5つの内容で構成される。

予算総則は予算全般にわたって適用される総括的な規定で一般会計と特別会計別予算総額，国債と借入金発行限度，費目相互間の利用許容範囲などが含まれる。

歳入・歳出では会計年度内すべての収入と支出予定額が所管別・会計別に具体的に表示される。

継続費は完成に数年がかかる大型投資事業の総事業費と年間投資予定額を一括して国会の議決を受けて行政府が数年にかけて支出できるようにしたものである。「会計年度独立の原則」の例外的使用となる。

明示繰越費とは会計年度内に支出できないことが予測される場合，その理由を予算に明示し国会の承認後，次年度に繰り越して使えるようにする経費を意味する。日本における次期繰越金である。

国庫債務負担行為とは，当該年度に発生する発注事業の締結や工事などの支出を次年度以後に行うことを意味する。この行為にあたっては必要となる理由を明確にし，国会の議決を得なければならない。

(2) 会計年度

予算は会計年度単位で作成・運営される。会計年度は毎年1月1日から12月31日までであり，「会計年度独立の原則」に基づいて特定会計年度の支出は当該会計年度の歳入として成立する。

(3) 徴税制度

図表3-3は韓国の徴税制度を表したものである。国税は直接税，間接税に大きく分けられ，そのほかに関税や不動産税などが含まれている。地方税は市・郡税，道税，特別市・広域市と基礎自治体の税項目はそれぞれ異なっているのがわかる。特に道と特別市・広域市には目的税が認められており，基礎自治団体とは異なる財源獲得手段が認められている。また道と同格である特別市・広域市には他の自治体とは異なり，普通税として住民税・たばこ消費税・自動車税が設置され，財源が多岐にわたっている。

第Ⅰ編　グローバル財政論

図表3−3　韓国の徴税制度

韓国の徴税制度

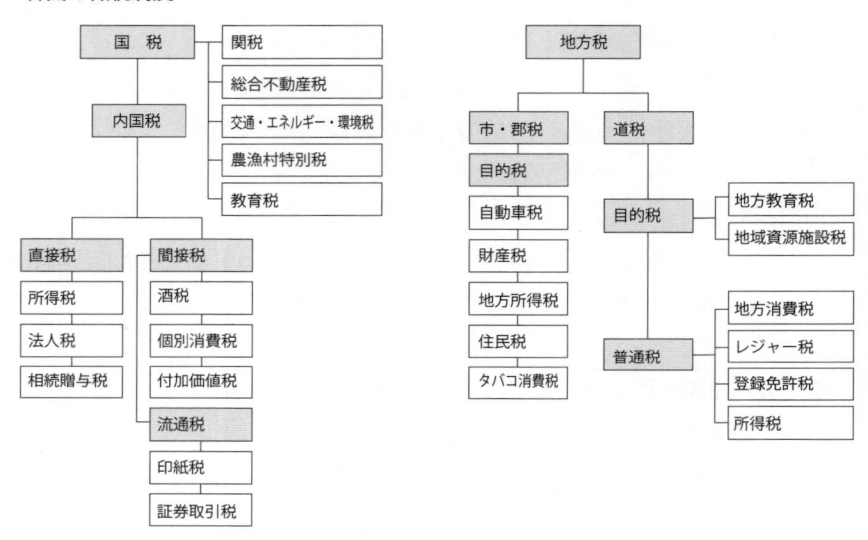

```
国　税 ─┬─ 関税
        ├─ 総合不動産税
        ├─ 交通・エネルギー・環境税
        ├─ 農漁村特別税
        └─ 教育税
内国税 ─┬─ 直接税 ─┬─ 所得税
        │          ├─ 法人税
        │          └─ 相続贈与税
        └─ 間接税 ─┬─ 酒税
                    ├─ 個別消費税
                    ├─ 付加価値税
                    └─ 流通税 ─┬─ 印紙税
                                └─ 証券取引税

地方税 ─┬─ 市・郡税 ─ 目的税 ─┬─ 自動車税
        │                      ├─ 財産税
        │                      ├─ 地方所得税
        │                      ├─ 住民税
        │                      └─ タバコ消費税
        └─ 道税 ─┬─ 目的税 ─┬─ 地方教育税
                  │          └─ 地域資源施設税
                  └─ 普通税 ─┬─ 地方消費税
                              ├─ レジャー税
                              ├─ 登録免許税
                              └─ 所得税
```

出典：韓国徴税研究院（2012）．http://www.kipf.re.kr より作成。

韓国徴税研究院

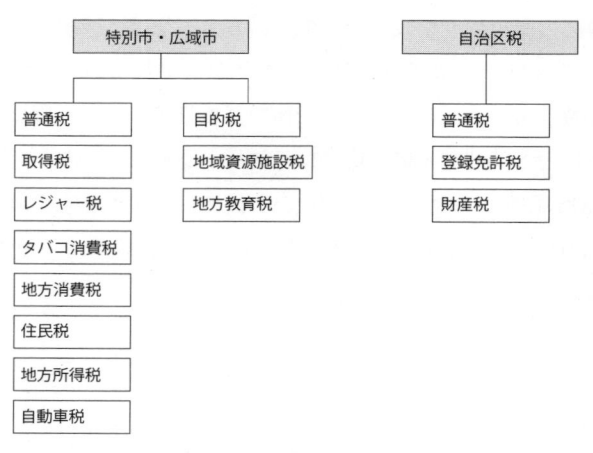

```
特別市・広域市 ─┬─ 普通税 ─┬─ 取得税
                │            ├─ レジャー税
                │            ├─ タバコ消費税
                │            ├─ 地方消費税
                │            ├─ 住民税
                │            ├─ 地方所得税
                │            └─ 自動車税
                └─ 目的税 ─┬─ 地域資源施設税
                            └─ 地方教育税

自治区税 ─ 普通税 ─┬─ 登録免許税
                    └─ 財産税
```

出典：김동건（2012.3.15）．『현대재정학』박영사，p. 648 より作成。

(4) 歳入と歳出

　中央政府の財政活動は予算と基金で区分される。予算には一般会計と特別会計がある。一般会計は一般歳入ともいい，一般的支出を表す会計である。一般会計は国家予算の根幹であり，通常予算といえば一般会計を意味する。一般会計による歳入は所得税，法人税，付加価値税，関税など国税収入の大部分を占めるほか，政府保有株式売却分，各種手数料などの税外収入も歳入に入る。歳入が不足するときには赤字国債を発行して不足分を埋める。

　特別会計は一般会計とは別に特定の目的のために歳入と歳出を計理する制度として一般会計とともに政府予算を構成している。特別会計は予算執行の弾力性を高める側面もなくはないが特別会計が過度に肥大化すれば一貫性ある財政運用が困難になる。結果的に財政配分を歪曲する恐れがある。各部署は一般会計より融通性がある特別会計を多様する傾向があるほか，一般会計の増加に対する批判を避けるために特別会計を増やすこともある。

　予算会計法９条では特別会計を設置運営できる根拠に，①国家が特定の目的をもつ事業を運営するとき，②特別な資金を保有して運営するとき，③特定歳入で特定歳出に充当することによって一般会計の歳入・歳出と区分して計理する必要があるときなど，その使用に制限を設けている。

　2010年度の一般会計は１会計，特別会計は18会計であり，歳入・歳出予算総額は**図表３－４**のようになる。**図表３－５**では2011年度との比較を表したものである。

　図表３－５をみると，歳入では経済成長率増加に伴う国税収入の増加，社会保障関連基金の収入増加などにより2011年予算と基金を合わせた国全体の総収入は2010年（290.8兆ウォン）対比8.1％増加した314.4兆ウォン水準となっている。

　歳出では予算と基金を合わせた支出で基金間内部取引および国債と借入金の償還などの保全取引を除いた2011年度総支出は309.1兆ウォンであり，2010年292.8兆ウォンに比べて5.5％増加している。

第Ⅰ編　グローバル財政論

図表３－４　2010年度の歳入・歳出予算総額

(単位：百万ウォン)

2010年度　歳入・歳出予算総額	
＜一般会計（1個）＞	
①　一般会計	201,283,456
＜特別会計（18個）＞	
②　農漁村構造改善特別会計	9,330,485
③　交通施設特別会計	14,699,895
④　登記特別会計	229,761
⑤　教導作業特別会計	41,960
⑥　エネルギーおよび資源事業特別会計	4,507,469
⑦　環境改善特別会計	5,965,057
⑧　郵便局保険特別会計	615,172
⑨　駐韓米軍基地移転特別会計	696,739
⑩　行政中心複合都市建設特別会計	695,103
⑪　国防軍事施設移転特別会計	259,943
⑫　核心都市建設特別会計	1,146,870
⑬　アジア文化中心都市造成特別会計	49,686
⑭　広域地域発展特別会計	9,861,547
⑮　糧穀管理特別会計	1,336,803
⑯　責任運営機関特別会計	847,594
⑰　調達特別会計	343,716
⑱　郵便事業特別会計	3,442,695
⑲　郵便局預金特別会計	1,980,433

出典：企画財政部（2011.3）『2011　国の暮らし（나라살림）』より作成。

図表3-5　歳入と歳出

<歳　入>

区　　分	2010年	2011年	増減率（B／A）
総収入	290.8	314.4	8.1
予　算	194.5	212.1	8.9
国　税*1	(170.5)	(187.6)	(10.1)
一般会計	171.1	188.9	10.0
特別会計	23.0	23.2	0.8
基金	96.0	102.3	6.5
（社会保障関連基金）*2	(51.7)	(55.4)	(7.2)

＊1　地方消費税（付加価値税5％）削減基準
＊2　国民年金基金，私立大学職員年金基金，雇用保険基金，産業災害補償保険及び予防基金
出典：企画財政部（2011.3）『2011　国の暮らし（나라살림）』より作成。

<歳　出>

区　　分	2010年	2011年	増減率（B／A）
総支出（Ⅰ＋Ⅱ＋Ⅲ）	292.3	309.1	5.5
予　算	205.3	216.1	5.4
一般会計（Ⅰ）	159.4	170.4	6.6
特別会計（18個）（Ⅱ）	45.4	45.9	1.1
基　金（Ⅲ）	87.5	92.7	6.0

出典：企画財政部（2011.3）『2011　国の暮らし（나라살림）』より作成。

(5) 基　　金

　予算会計法で定められる基金の概念は，国家が特別な政策目的を実現するために予算会計一般原則の制約を受けずに社会情勢の変化に弾力的に対処し，国家の特定目的を効率的に達成するため保有・運用する特定の資金とされる。

3 地方財政

韓国は地方分権化が進められた一方で，財政上は中央政府が強い影響力をもっている。

図表3-6は国税と地方税の比率を表したものである。これをみると，中央政府は2010年度の総徴税額の78.3％を占め，地方政府は21.7％に過ぎない。過去5年間の値も同様であり，日本以上に中央に偏った税源配分となっている。

図表3-6　国税と地方税の比率　　　　(単位：兆ウォン，％)

	2003	2004	2005	2006	2007	2008	2009	2010
徴税	147.8	152	163.4	179.3	205	212.8	209.7	226.9
(対GDP比％)	19.3	18.4	18.9	19.7	21	20.8	19.7	19.3
国税	114.7	117.8	127.5	138	161.5	167.3	164.5	177.7
(国税の比率％)	77.6	77.5	78	77	78.8	78.6	78.5	78.3
地方税	33.1	34.2	36	41.3	43.5	45.5	45.2	49.2
(地方税の比率％)	22.4	22.5	22	23	21.2	21.4	21.5	21.7

出典：国税庁・関税庁「徴収報告」，行政安全部「地方税定年鑑」
　　　統計庁（2012.5.10）http://www.index.go.krより作成。

先に地方自治体における徴税制度について触れたが，ここでは地方財政制度について概略する。

① 地方財政支援制度

地方財政支援制度とは，各地方自治体間で生じる財政上の不均衡緩和のために国家や上位団体が財政力が低い団体に財源を移転する制度を意味する。支援制度のうち，一般的に行われるのが地方交付税である。地方自治体の一般財源（使用用途が指定されない財源）の不足分を補うといった財政上の公平性を確保する目的で移転する財源である。その種類は普通交付税，特別交付税，分権交付税および不動産交付税で区分される。

地方交付税の財源は当該年度の内国税（目的税および総合不動産税と法律によって特別会計の財源として使われる細目金額は除外）総額の1万分の1,924に該当する金額と総合不動産税法に伴う総合不動産税総額を充当する。内国税の19.24％と表示される部分を交付税率というが、これは国家と地方自治体間に決定された税源の配分率である。

②　地方教育財政交付金

　一般行政にかかわる交付金とは別に地方教育財政交付金（financial grants for local education）が配分される。地方自治体が教育機関および教育行政機関を設置・経営することに必要な財源の全部または一部を国家が交付する交付金であり、普通交付金と特別交付金に分けられる。

　交付金の財源は当該年度の内国税（目的税、総合不動産税および他の法律に基づく特別会計の財源として使用される細目の該当金額は除外）総額の1万分の2,027にあたる金額と当該年度の「教育税法」による教育税の歳入額全額に該当する金額を合算した金額を充当する（「地方教育財政交付金法」第3条、改正2010.1.1）。

4　おわりに

　ここまで韓国における行財政制度を概括的に見てきた。韓国の政治体制は大統領制、一院制の議会であり、日本と比較して政治的統制が強く、決定過程も早いことが理解できよう。一方で地方分権化も進んではいるが、国家財政に占める割合は約2割であるほか、各種地方支援制度が存在しており、中央集権的財政統制の色彩が濃い。

　ＩＭＦ金融危機以降、韓国では新たな法整備や会計制度を導入し、行財政改革を推進している。今後、一連の改革が財政構造の調整にどのような影響をもたらすのかは長期的観察を必要とするものであるが、少なくとも中央政府主導型の財政構造は韓国の特徴であるといえ、日本との比較においては類似した点も多いと理解できるのである。

世界の財政

第4章

中国の経済発展と財政

> 中華人民共和国（略称中国）は1980年代に改革・開放政策を本格化させて以来，毎年2桁近い経済成長を続けており，人口は13億4,812万人（2011年）を擁し，経済大国として認知されるまでに発展した。2010年には中国の名目国内総生産（GDP）は5兆9,000億ドルとなり，日本（5兆5,000億ドル）を上回る世界第2位の経済大国に躍進した。本章では，計画経済から市場経済への移行時における中国の経済発展過程と，それに対応する財政システムについて取り上げる。

1 はじめに

中国は1980年代に始まった改革・開放政策から30年間にわたる高成長を経て「世界の工場」へ，さらには成長率の高い「巨大市場」へと大きくその姿を変容させており，貿易面においても，1978年にはわずか約200億ドルだった貿易総額が，2010年には約150倍の約3兆ドルにまで拡大し，輸出額では世界第1位，輸入額では世界第2位となっている。そのため長期にわたって世界経済において大きな影響力をもち始めた。

その経済発展の要因には，政府の役割，郷鎮企業の発展，外資導入政策など

があげられるが，鄧小平による「先富論」[1]に如実に表れており，これまでの政治・イデオロギー中心路線から経済建設中心路線への転換が図られた。この転換を受けて，地域開発政策の重点は内陸地域から沿海地域に移った。

改革・開放政策による外国資本の誘致と，これまで不足していた資本と技術が急速に入り，それらが低賃金で比較的良質の労働力と調和して，労働集約的な低賃金労働製品が大量に生産された。それらは国際市場で販売され，獲得した外貨を使って外部から優れた資本財や原材料を輸入し，生産を拡大してきたということである。その中国経済の急成長を牽引するエンジンは，上海を中心とする長江デルタと，香港・広州を中心とする珠江デルタ，北京・天津を中心とする京津冀などの東部沿海部に集中している。しかし，内陸部は大きく取り残され，地域間格差が次第に拡大しており，それに伴う地方経済や行政のあり方に歪みが生じている。特に農村と都市部の所得格差が著しい。

問題なのは中国の財政システムがこうした事態に対応できていないことである。中国の財政システムは，基本的に各地方の自給自足を原則に形成されたものであり，全国的な再分配のシステムをもっていない。再分配機能のない中国の社会システムにおいては，経済成長の恩恵を受ける者と，受けられない者，受ける地域と受けられない地域が峻別されている。このような分配の不均衡と再分配システムの欠如はいま中国に深刻な社会的緊張感をもたらしている。

2 中国の行政機構と財政制度

中国の財政制度は，「国家財政」と称される正規の財政制度のほか，歴史的に形成された「予算外資金」などのこれに準ずる制度により成り立っており，国家財政は北京政府の財政が「中央財政」，省レベル以下の財政が「地方財政」と大きく区分されている。

---

[1] 1980年鄧小平が提起した。「先に豊かになれる人々・地域がまず豊かになることを容認する。ただし，やがては先に豊かになった人々・地域がそうでない人々・地域を支援して，共に豊かになる」とする考え方ないし政策。

第4章　中国の経済発展と財政

図表4－1　中国の行・財政組織（香港，マカオを除く）

中央政府	1級行政区	地区級		県級				郷鎮級			
			地区級市	市轄区	県級市	県	自治県		街道[2]	鎮	郷
1	31	333	283	2,858	855	367	1,464	117	40,858	6,686	19,322	14,848

出所：『中国統計年鑑』2010年度版

また中国の行政機構は首都北京にある「中央政府」とその他の「地方政府」からなり，「中央政府」を統括する行政府が国務院である。これは，日本の内閣に相当する。

中国の財政を理解するには中国の行政機構を知ることである。

日本の場合，行政機構は「国」と「都道府県」，その下の「市町村」からなっており，国を「中央政府」，都道府県以下の行政機構を「地方政府」と言う。中国の行政機構の場合も同様に，いくつかのレベルに分けられている。

図表4－1のように日本の都道府県にあたる「一級行政区」は22の省（河北・山西・遼寧・吉林・黒竜江・江蘇・浙江・安徽・福建・江西・山東・河南・湖北・湖南・広東・海南・四川・貴州・雲南・陝西・甘粛・青海）・4の直轄市（北京・天心・上海・重慶）・5の自治区（内蒙古・広西チワン族・チベット・寧夏回族・新疆ウイグル）と2の特別行政区となっている。省・自治区の下には地区級市政府（333），地区級の下は県級（2,858団体，うち367は県級市），県級の下の郷・鎮級（40,858団体，うち34,170郷・鎮[3]）の四層からなる構造になっている。注意すべきことは，すべての地区に四層の地方政府機構が設けられているわけではなく，例えば直轄市の下には県級単位としての県や区はあるが，地区級の市は置かれていない。また，農村部の郷・鎮の下には，村があるのが普通である。

国家財政全体からみると五層という重層的な組織が形成され，相互の財政関係も極めて複雑かつ多様であり，上層の政府が下層部の政府に財政移転するこ

---

2) 「街道」区クラスの政府が管理しやすくするため所管の地区をいくつかの区域に分けた（1954年）。それが街道で中国の行政管理の中でも最も下部の組織で，独立した財政制度は設けられていない。
3) 「鎮」とは県政府所在地もしくは農村部の中で比較的商工業の発達した町，「郷」とは農村集落という意味であり，農村部におかれる末端行政区画単位である。

図表4-2 中国の国家財政（中央・地方合計，2009年）

収　　　入	金額（億元）	
1．税　　収		
消　費　税	4,759.12	
増　値　税	18,481.24	間接税
営　業　税	9,013.64	
輸入品消費税・増値税	1,242.59	
関　　税	1,483.57	
企業所得税	11,534.45	直接税
個人所得税	3,949.27	
その他税収	9,050.82	
2．非税収入	8,962.16	
合　　計	68,476.88	

出所：『中国財政年鑑』2010年

とによって収支の調整ないし所得の再分配を行っている。

　図表4-2の国家財政の収入をみると，いくつかの特徴が浮かび上がってくる。増値税（付加価値税），不動産売買や商業・運輸業・金融業などのサービス産業に課される営業税，消費税（日本の物品税に相当），関税などからなる間接税が多くを占めるということから，間接税依存型といえよう。ここで間接税とは，例えば増値税のように最終的な負担は消費者が行うものの，その徴収を企業が代行する税をいう。

　また家計の所得や企業の所得に対して直接課税するのが直接税であり，法人所得税と個人所得税がその柱となっている。しかし，1994年以降は原則33％（うち30％は国税，3％は地方税）なのだが業種や地域や税務担当により微妙な匙加減が行われ，脱税・節税は日常茶飯事といわれている。間接税への依存が高い傾向は，①給与所得者が少ないこと，その結果として所得捕捉が難しい，②土地は基本的に公有資産であり，最近まで「私有財産」という概念が希薄であった。そのため固定資産税などの資産課税収入が皆無に近い状態だったといえる。③「相続税」という概念もあまりないというようなことから，間接税依存とならざるを得なかった。

3 中央と地方財政制度の歴史的軌跡

　歴史的にみると「地方分権―中央集中」の体制は中国の王朝期に形成されたといえよう。それは広大で多様な要素の国土を抱える中国においては，地方にある程度の自由裁量を委ねなければ，中央の政策運用がスムーズに行かないという側面が存在するからである。だが地方に権限を委ねすぎると地域間格差の拡大や，それに伴う社会的分裂などの可能性が生じるという統治面におけるジレンマが存在する。それは「収（中央のコントロールの強化）」と「放（地方への権限移譲）」のサイクル（梶谷：2011）の繰り返しともいえる。

　現状の財政制度の形成に至るまでには，財政制度の性格と特徴は大きな変化をとげている。それは毛沢東の計画経済時代における財政制度と鄧小平の改革開放政策以降の財政制度との経済体制移行の過程における相違点といえよう。ここでは財政制度の歴史的軌跡を概観する。

(1) 計画経済時代の中国の財政―「中央統収―統支」制
　　　（1950年代以降～1978年改革開放開始まで）

　計画経済時代における中国の財政制度は，旧ソ連をお手本にした高度な中央集権体制下にあった（「中央統収―統支」制）。この制度は中央・地方財政双方の支出・収入を中央政府が統一的に管理する方式である。歳入の実際の徴収は地方政府の任務であったため，実際の金の流れは中央・地方政府間の移転収支を挟んで決まった。例えば，上海のような豊かな地方は徴収した収入から中央の認可した支出予算額を差し引いた残りを上納し（収入の約8割），貴州省のように貧しい地方は徴収した収入が認可を受けた支出予算に満たない不足額（支出の2／3以上）を中央から移転支出として受け取った。この方法は，日本の地方交付税制度に類した制度にみえるが，日本の地方交付税制度のような明確な算定基準は存在せず，移転支出額は中央と各省の間の「交渉」により決まった。

　計画経済財政のさらなる特徴は歳入にみられた。税は存在していたが税目は

少なく，歳入の大半は国有企業の利潤または（農産物などの）買い入れ価格と払い出し価格の価格差によって占められていた。指令経済下の固定価格，投入・産出計画により国有企業の利潤は上納により政府に吸い上げられ，当時の重工業傾斜路線に従い多くが再び重工場建設に投入された。

中央政府と地方政府の権限分掌は，国防，経済発展，産業政策および司法管理などの国家機関は中央政府が担当し，教育，医療保険，社会保障，住宅など住民の日常生活にかかわる社会サービスや公共管理は地方政府が担当したが，後者に関しても政策はすべて中央が定め，給与，養老金など社会福利，教育や医療の標準などすべて中央の定めるところに従った。この時代の地方政府は中央政府の代理機構に過ぎなかったといえよう。

(2) 改革開放開始1978年～1993年分税制開始まで
―「財政請負制」―

1978年改革開放すなわち市場経済化が始まったことにより，郷鎮企業も含めた非国有企業が出現して競争が導入され，価格・数量を政府が統制する従来の仕組みは弛み始めた。歳入の中心を占めていた国有企業の利潤も急減し，政府の予算がGDPに占める割合は1978年に35％あったものが90年代半ばには12％まで低下した。深刻な財政難に直面したこの時期，中国は地方財政制度の改革を試みた。第一は，「財政請負制」の導入である。地方の「上納」意欲を高めようとした仕組みであり，地方政府も一定の請負期間中に，一定の上納金を国庫に納入すれば，残余の多寡を問わず当該地方の財源となった制度である。第二の特徴は権限の下放である。財政負担に耐えかねた中央政府は事務・権限も省級以下の地方政府に下放している。国土が広大で国情も多様な中国は，経済政策のさまざまな局面で「分権」的な政策を採用してきたが，財政制度にみられる「分権」的性格は第2期の財政請負制度から始まった。そのため中央収入は急減し，さらに地方向け移転収支をも急減させることになった。この移転支出機能の弱体化は貧しい地方にとって大きな打撃であり，中国の地域格差の拡大に拍車をかけたが，それは同時に豊かな地方にとって歳入面における財政自

主権の拡大を意味した。この結果，中国の政府総支出に占める地方支出の割合は1980年の45％から90年代半ばには70％程度にまで高まった。このように財政請負制度は地方政府の財政収入に対する支配権限を拡大したが，相応の制約メカニズムがなかったため，結果的に中央政府のマクロ・コントロール機能を低下させることとなった。

また「諸侯経済」と言われる地域主義・保護主義的な傾向が強化されたことにより，資源の有効利用を悪化させ，市場の育成を阻害させるようになった。すなわち，地方政府は地方の財政収入の増加を図り，地方の資源配置を考えたり，地方企業の販売利益を優先させたり，省外から商品流入を省内に入らないよう市場封鎖をしたりする等のほか，重複建設もかなりあったが，国内の統一的な，市場開放の形成を阻害した。

さらに地方政府機関が企業経営に対してさまざまな干渉をしていた。このことは行政と政府が分離するうえで，障害になったり，企業メカニズムの転換を遅らせたりしてきたといえよう。行為を当地の利益へと偏りやすくさせる原因となった。

(3) 「分税制」の導入（1993年国務院「分税制による財政管理体制を実施する決定について」を交付）

改革・開放以降中国では，市場経済化の進展に伴って地方へのさまざまな権限の分散化傾向が拡大した。80年代の「財政請負制」の導入は，地方経済を大きく成長させ，中国経済の高度成長の大きな原動力の一つとなっていた。その一方で「諸侯経済化」が急激に拡大し，中央政府のマクロ経済をコントロールする機能が著しく低下した。また「財政請負制」による中央財政収入の低下は，中央政府に極度の財政難を招いた。そもそも地域格差の大きい中国の統一を維持するためには，中央が地方に所得移転を行う財力が必要であり，中央にその余力がなくなってしまったことは問題であった。そこで，中国政府は中央の財政を強化し，マクロ・コントロール機能を高めることを目的とし，1994年に，「分税制」が導入されることになった。

それは，主として①中央固定収入と地方固定収入の区分の明確化，②中央と地方の役割区分の整理（徴税機関の分離），③中央財政の強化（中央の税収増）によるマクロ・コントロールの強化，という目的をもっていた。

1994年の分税制改革では，従前のように中央政府が税を地方政府に徴収させ，一定割合を中央に上納させるやり方を改め，諸外国の先例に倣って税収を種別ごとに，「中央固定収入」，「地方固定収入」，および一定の比率で中央・地方間で分配する「中央・地方調節収入」に分類（**図表4－3**）して，徴税の規範化と中央政府による財政資金再分配機能の強化を図ろうとしたものであった。

それは従来の税収のうち，流通税を増値税（付加価値税），営業税および消費税に再編し，消費税は，「中央固定収入」となり，最大の比率を占める増値税（付加価値税）は，「中央・地方調節収入」となった。その税率は17％となり内訳は，「中央固定収入」75％，「地方固定収入」25％となっている。その結果，

図表4－3　分税制の下での各種税収の配分（主なもの）

中央固定収入	関税 消費税 中央管轄企業所得税 鉄道・銀行本店・その他の金融機関の企業所得税
中央・地方調節収入	増値税（付加価値） 自然資源税 証券印花税 個人所得税 地方企業所得税
地方固定収入	営業税 都市維持建設費 都市土地使用税 土地増値税 不動産税 車両・船舶使用税 耕地占有税 印紙税 遺産・相続税

出所：黄敗佩華他『国家発展と地方財政』中信出版社，2003年

第4章 中国の経済発展と財政

税収のうち最大の比率を占める付加価値税が中央政府の収入として処理されたこともあって，1994年以降全体の財政収入に占める中央政府の収入は急激に上昇した。

また財政の支出に関しても，安全保障外交，国家機構の運営費，地域協調発展の支出などを中央政府の支出区分とし，それ以外を地方政府の支出区分とするという役割分担が定められた（**図表4－4**）。

図表4－4　中央・地方別主要財政支出項目（2010年）

（単位：億元）

	国家財政支出	中　央	地　方
総計	89,874.16	15,989.73	73,884.43
一般公共サービス	9,337.16	837.42	8,499.74
外交	269.23	268.05	1.17
対外援助	136.14	136.11	0.03
国防	5,333.37	5,176.35	157.02
公共安全	5,517.70	875.20	4,642.50
武装警察	933.84	699.3	234.54
教育	12,550.02	720.96	11,829.06
科学技術	3,250.18	1,661.30	1,588.88
文化体育・メディア	1,542.70	150.13	1,392.57
社会保障・就業	9,130.62	450.3	8,680.32
医療衛生	4,804.18	73.56	4,730.62
環境保護	2,441.98	69.48	2,372.50
都市農村コミュニティ事務	5,987.38	10.09	5,977.29
農村水産事務	8,129.58	387.89	7,741.69
交通運輸	5,488.47	1,489.58	3,998.89
車両購入税支出	1,541.82	1,209.91	331.91
採掘電力情報等事務	3,485.03	488.38	2,996.65
商業服務等事務	1,413.14	139.79	1,273.35
金融事務	637.04	488.16	148.88
震災復旧再建支出	1,132.54	37.9	1,094.64
国土気象等事務	1,330.39	176.39	1,154.00
住宅保障支出	2,376.88	386.48	1,990.40
食糧油糧・物資備蓄等事務	1,171.96	495.12	76.84
国債利子支出	1,844.24	1,508.88	335.36
その他の支出	2,700.38	98.32	2,602.06

出所：『中国統計年鑑』2011年

第Ⅰ編　グローバル財政論

　財政調整後の実際の財政支出は図表4—4で示されるが，中国の財政収入と国家財政支出制度の大きな特徴は，国家財政支出は符合しておらず，収支の均衡する厳密なバランスシートではない点にある（図表4－5）。

図表4－5　中央・地方別主要財政収入項目（2010年）
(単位：億元)

	国家財政収入	中　　央	地　　方
総　計	83,101.51	42,488.47	40,613.04
うち税収	73,210.79	40,509.30	32,701.49
国内付加価値税	21,093.48	15,897.21	5,196.27
国内消費税	6,071.55	6,071.55	
輸入貨物付加価値税，消費税	10,490.64	10,490.64	
輸出貨物付加価値税，消費税還付	−7,327.31	−7,327.31	
営業税	11,157.91	153.34	11,004.57
企業所得税	12,843.54	7,795.17	5,048.37
個人所得税	4,837.27	2,902.97	1,934.30
資源税	417.57		417.57
都市維持建設税	1,887.11	150.84	1,736.27
不動産税	894.07		894.07
印紙税	1,040.34	527.82	512.52
うち証券取引印紙税	544.16	527.82	16.34
都市土地使用税	1,004.01		1,004.01
土地付加価値税	1,278.29		1,278.29
車両・船舶税	241.62		241.62
船舶従量税	26.63	26.63	
車両購入税	1,792.59	1,792.59	
関　税	2,027.83	2,027.83	
耕地占用成税	888.64		888.64
契約税	2,464.85		2,464.85
煙草税	78.36		78.36
その他の税収	1.8	0.02	1.78
うち非税収項目	9,890.72	1,979.17	7,911.55
特定収入	2,040.74	298.03	1,742.71
行政事業収益	2,996.39	396.02	2,600.37
罰金・没収金収入	1,074.64	31.79	1,042.85
その他の収入	3,778.95	1,253.33	2,525.62

出所：『中国統計年鑑』2011年

また財政支出に関しては1994年以降も依然として地方財政支出が中央の財政支出を大きく上回るという状態が続いている。これは地方政府の財政収入の急速な減少分を補うために、中央財政から地方に対して「税収返還」という形でかなりの規模の移転支出が行われたこと、その移転支出の算定は各省の既得権を守るような水準に決定されていた。すなわち中央財政の再配分機能を支える制度的裏付けが不十分なまま分税制が導入されたということが、結果的に地域間の財政力格差を拡大させることとなったといえよう。

(4) 1994年以後の財政税制改革

　中国の財政税制体系は1994年に分税制という新たな運営軌道に入ったものの、そこには依然としていくつかの重大な欠陥が存在する。それは市場経済体制とは、やはりまだ多くの符合しない点が生じているからである。中国の財政税制体制は1994年の改革をベースに、以下の面を引き続き整備することになっている。
① 「予算外税制資金」の徹底した整理と標準化
② 分税制のさらなる改善
③ 公共財政の基本的枠組みの建設

　分税制の下で、本来の目的であった中央政府による再分配機能が高まるのはむしろ1990年代末以降のことである。

　例えば1995年には「過渡期移転支払制度」が導入された。これは地方への移転支払という形をとった日本の地方交付金に似た形での補助金制度のことである。

　2002年からは「財力性移転支払制度」という、地域の発展水準や自然条件・民族居住状況などの社会・経済的条件に基づいて、より客観的に地域間の財政力の調整を行うことを目的とした制度が整備され、内陸部、特に経済発展が遅れており、少数民族が集中して居住する西部地区への補助金給付額を大きく増やした。

　また2002～03年にかけて「所得税の分賦改革」が行われた。これは2002年に

それまで地方の固定収入であった中央管轄の一部の企業を除く一般企業の所得税，および個人の所得税の50％が中央の取り分になり，さらに2003年にはその比率の60％が中央へと移管されることになるなど，所得弾力性の高い税収が中央税へと配分される方向で改革が行われた。

さらに地域間再分配を目的とした大型の開発プロジェクトも実行に移された。その最大級のものが「西部大開発」である。このように1990年代後半以降の状況から，中央政府に財政資源のかなりの部分が集中し，中央政府の機能を強化するという分税制導入の目的は達成されたといえよう。

ただ，それらの移転支出がどの程度客観的な基準により配分され，地域間の財政力格差の縮小に寄与しているかどうかというと，現時点では問題点も多い。例えば，分税制の実施や予算外資金の改革によって郷や鎮といった農村における末端の行政単位は深刻な資金不足に陥り，農家に対する恣意的な費用徴収によって財政資金の不足分を埋め合わせるという現象が多くみられた。このような「乱収費（みだりに費用を徴収すること）」が貧しい農民の生活をさらに圧迫する「農民負担問題」が大きな社会問題とされた（1990年代末から2000年代初頭にかけて）。この問題を解決するために2002年より実施されたのが「農村税費改革」である。これは地方政府による農民からの費用徴収や無償の労働力の提供を基本的に廃止すること，農業税，農業特産税を最高税率7％という基準に沿って調整すること，義務教育費などを農民からの費用徴収によってではなく各地方政府の財政支出によって賄うこと，などを盛り込んだ改革である。そして2004年からは農業特産税が，2006年からは農業税も廃止された（阿古：2009）。

ここで日本の地方自治体（都道府県，市町村）の場合と比較すると，日本の地方自治体も福祉，医療，教育などの社会サービスの供給を担っているが，こうした支出への財源保障が財政移転によってなされている。財源保障以外にも財政移転制度（地方交付税）は財政調整を担う。中央が下級地方政府（市町村）と直接財政関係を有していること，「法律またはこれに基づく政令により普通地方公共団体に対し事務の処理を義務付ける場合において，国はそのために要する経費の財源に付き必要な措置を講じなければならない」（地方自治法第232条第

2項）とある。すなわち，財源の裏付けのない支出責任を地方に課すことを原則禁止していることが中国との顕著な違いであろう。

4 地方政府と予算外財政資金

　中国の地方政府は，中国の財政制度に特有な「予算外財政資金」（以下，「予算外資金」）をもつ。建国の初期に中央政府に高度に集中した「予算外資金」とは，地方政府が徴収した財政収入のうち，中央政府あるいは上級の政府に上納する必要がなく，地方政府の下に自主財源としてそのまま留保される資金の総称である。1996年まで，予算外資金は，国家予算に組み入れられなかった。このような定義により，予算外資金はあくまで予算資金の補充として国家財政を構成する一部となるものであった。

　予算外資金は，1950年代社会主義計画経済の建設のための中央集権的な財政制度が形作られるなかで，各種工商税に対する付加や各行政部門・事業単位が自主的に経済活動などを行って得た財源などを地方レベルで自主財源として留保できる余地を残したことが始まりだとされる。

　1957年は，予算外資金も当年の予算内収入の8.5％相当に過ぎなかった。「大躍進」期間（1958年），経済体制改革と財産権の下放（権限委譲）により，予算外資金の範囲が拡大した。1978年の改革開放以後，予算内財政資金が縮小に向うと同時に，各地方政府の予算外資金はますます増加した。1990年代に制度改革が行われるまで予算外資金はその管理主体によって3種類に分類されており，「費用」名目で徴収される収入を財源とし，いわば「第二の予算」であった。

　1996年国務院が発布した「予算外資金管理の強化に関する決定」は予算外資金を再定義し，予算外資金の所有権は国家，管理権は財政部門に帰することが初めて明確にされた。また予算外資金は，財政部門が規定した範囲内で，賃金，手当，ボーナスなどに使用できるということが，明文化されており，地方政府レベルでの予算外資金収入は2000年時点で本級収入（直接的な収入）の55％を占めているという意味で，依然重要である。予算外資金における中央と地方の

第Ⅰ編　グローバル財政論

図表4－6　中央・地方の予算外資金状況

	年次	全国（億元）	中央	地方	割合（％） 中央	地方
収入	1997	2,826.00	145.1	2,680.90	5.1	94.9
	1998	3,082.30	164.2	2,918.10	5.3	94.7
	1999	3,385.20	230.5	3,154.70	6.8	93.2
	2000	3,826.40	247.6	3,578.80	6.5	93.5
	2001	4,300.00	347.0	3,953.00	8.1	91.9
	2002	4,479.00	440.0	4,039.00	9.8	90.2
	2003	4,566.80	379.4	4,187.40	8.3	91.7
	2004	4,699.20	350.7	4,348.50	7.5	92.5
	2005	5,544.20	402.6	5,141.60	7.3	92.7
	2006	6,407.90	467.1	5,940.80	7.3	92.7
	2007	6,820.30	530.4	6,289.90	7.8	92.2
	2008	6,617.30	492.1	6,125.20	7.4	92.6
支出	1997	2,685.50	143.9	2,541.60	5.4	94.6
	1998	2,918.30	139.7	2,778.60	4.8	95.2
	1999	3,139.10	164.8	2,974.30	5.3	94.7
	2000	3,529.00	210.7	3,318.30	6.0	94
	2001	3,850.00	258.1	3,591.90	6.7	93.3
	2002	3,831.00	259.0	3,572.00	6.8	93.2
	2003	4,156.40	329.3	3,827.00	7.9	92.1
	2004	4,351.70	389.5	3,962.20	9.0	91
	2005	5,242.50	458.3	4,784.10	8.7	91.3
	2006	5,867.00	377.7	5,489.20	6.4	93.6
	2007	6,112.40	453.3	5,659.10	7.4	92.6
	2008	6,346.40	402.1	5,944.20	6.3	93.7

出所：『中国財政年鑑』2010年

　構成比を見ると地方の割合が毎年90％台となっている（図表4－6）。このことからも予算外資金はほぼ地方のものになったといえよう。

　中国の財政制度の軌跡をたどってきたが，1990年代より経済成長著しい中国の現況は，世界経済の推進役として確実に力を付けてきている。今後グローバル経済化のなか，中国が国内に抱え込む先進国とは異なるさまざまな問題の解決に，どのように対峙していくのかを財政の視点より注目したい。

グローバル・イシュー

第5章

欧州の社会保障改革

　近年，北欧諸国では，福祉の民営化や給付の抑制など，福祉面で大きな変化が生じている。本章では，フィンランドを事例に，福祉面の変化の内容を，高齢者のサービス利用状況や，高齢者介護の財政，民間サービスに従事する者の増加，民間サービスを利用する高齢者の増加などを通して，明らかにする。

1　はじめに

　北欧諸国はこれまで福祉国家といわれてきた。しかし，この20年間，総じて経済成長が鈍化する傾向がみられ，財政的な環境が変化してきた。このようななかで，福祉の民営化（主に民間委託化）や給付の抑制が進んできている。特にスウェーデンが顕著であり，近年では福祉の民営化に伴う問題点を指摘し，この問題に対する政府ならびに関係機関の積極的な対処やかかわりの重要性を指摘した政府関係機関（会計検査院）の報告書が出されている[1]。フィンランドでも高齢者用サービス付き住宅を中心に福祉の民営化が進んでいるし，重度の高齢者への訪問介護・訪問看護サービスの重点化の一方で，軽度の高齢者の訪

1）　渡辺まどか「（翻訳）スウェーデン会計検査院報告書，民間高齢者ケアの質における国のコントロール」『北海学園大学大学院法学研究科論集』11号，2010年3月

間介護サービスの給付抑制等が進んでいる。明らかに，今日，北欧諸国の社会保障システムに大きな変化が生じているのである。

本章では，フィンランドを事例に社会保障システム（特に高齢者介護）の変容と内実に迫ることにしたい。フィンランドでは，1990年代前半（1991-1993年）に深刻な不況を経験した。不況以後のフィンランド経済では，これまでのリーディング産業であった紙・パルプ産業の退潮傾向とITを軸とする電器・光学器械産業の伸長，農業とくに酪農業・養豚業の不振と農業人口の大幅な減少が生じているのである[2]。また，若年者（20歳代）を中心に失業率，生活保護受給率が高い[3]。さらに，中高年労働者においては雇用のミスマッチと失業の継続が問題となっており，生活保護の受給期間が長くなる傾向がみられる。さらに，都市への人口移動と地域間格差の拡大が生じるとともに，国の地方分権的な財政改革[4]と自治体（Kunta）の合併[5]が行われた。このようななかで，高齢者介護サービス面においても大きな変化が現れているのである。

本章では，1990年から2006年までの高齢者介護サービスの内容，高齢者介護サービスにおける民営化の進展状況を，主に統計的に把握し，変化の内実を明らかにする。

---

2) 産業構造の転換，農林水産業の動向，失業問題については，Tilastokeskus "Suomen tilastollinen vuosikirja 2007"（以下，Vuosikirjaと略す），ならびに"Vuosikirja 1998"を参照。

3) 生活保護については，Stakes "Sosiaali-ja terveyden huollon tilastollinen vuosikirja 2007"（以下，STAKESの1と略す）を参照。

4) 1993年の地方分権的な財政改革の内容については，横山純一「フィンランドの地方分権と高齢者福祉(1)(2完)」，東京市政調査会『都市問題』87巻9号，87巻10号，1996年9月，1996年10月，ならびに横山純一『高齢者福祉と地方自治体』第2章，2003年4月，同文舘出版を参照。また，山田真知子『フィンランド福祉国家の形成』第6章，2006年6月，木鐸社を参照。

5) 2006年1月1日現在のフィンランドの自治体数は431であったが，自治体合併により348（2009年1月1日現在）に減少した。横山純一『地方自治体と高齢者福祉・教育福祉の政策課題－日本とフィンランド』第6章，2012年3月，同文舘出版，横山純一「フィンランドにおける2010年の国庫支出金改革と自治体財政の状況」『開発論集』87号，2011年3月，北海学園大学開発研究所を参照。

2 国と地方の関係,自治体連合制度,自治体財政,高齢化の進行

　フィンランドの国と地方の関係は,中央政府と地方政府(自治体,Kunta)の一層制になっている[6]。また,中央政府のもとに20の地域(Maakunta,本章では日本語訳せずにMaakuntaのままとする)がある(図表5-1)。また,20の2次医療圏が設定されており,そのおのおのに配置されている高度医療を行う拠点的な専門病院(公立病院)をはじめとする病院を運営する自治体連合がつくられている。さらに,20の医療圏を拡大して,拠点となる専門かつ最高度の医療を行う大学病院を中軸とする3次医療圏が形成されている。上記のような自治体連合は法律に基づいて必ず自治体が加入を義務付けられているが,これとは別に,自治体が内発的に集まって1次医療の病院・診療所事業や職業学校事業を共同で営むことなどをする自治体連合がある。

　自治体連合は,小規模自治体が多いフィンランドでは比較的よく発達してきた。フィンランドの地方自治体と自治体連合を合計した財政規模は380億ユーロ(2009年度予算)で,このうち約23％が自治体連合分である。特に病院・診療所事業や職業学校の運営で効果を発揮してきたのであり,両者で68億ユーロ(2007年度決算)に達しているのである[7]。

　さらに,自治体財政が厳しい状況にあることもフィンランドの特徴である。そこで,最近は,国税である付加価値税の税率の1ポイント引き上げが行われた(標準税率が22％から23％へ)。なお,2007年度決算での国税収入は392億2,000

---

6) 地方制度については,Marzukka Laine "Access to finnish public law", 2006を参照した。
7) 自治体連合については,注4の横山純一前掲書第2章と前掲論文,注5の横山純一前掲書第5章,第6章と前掲論文ならびに横山純一『93年自治体裁量の大きい教育包括補助金制度を創設』,日本教育新聞社『週刊教育資料』949号,2006年8月を参照。なお,フィンランドでは小規模自治体が多い。2009年1月1日現在の自治体数は348だが,このうち人口6,000人未満が過半数の181となっている。注5の横山純一前掲書ならびに同前掲論文を参照。

第Ⅰ編　グローバル財政論

図表5－1　フィンランドのMaakuntaと県（Laaninhallinto）

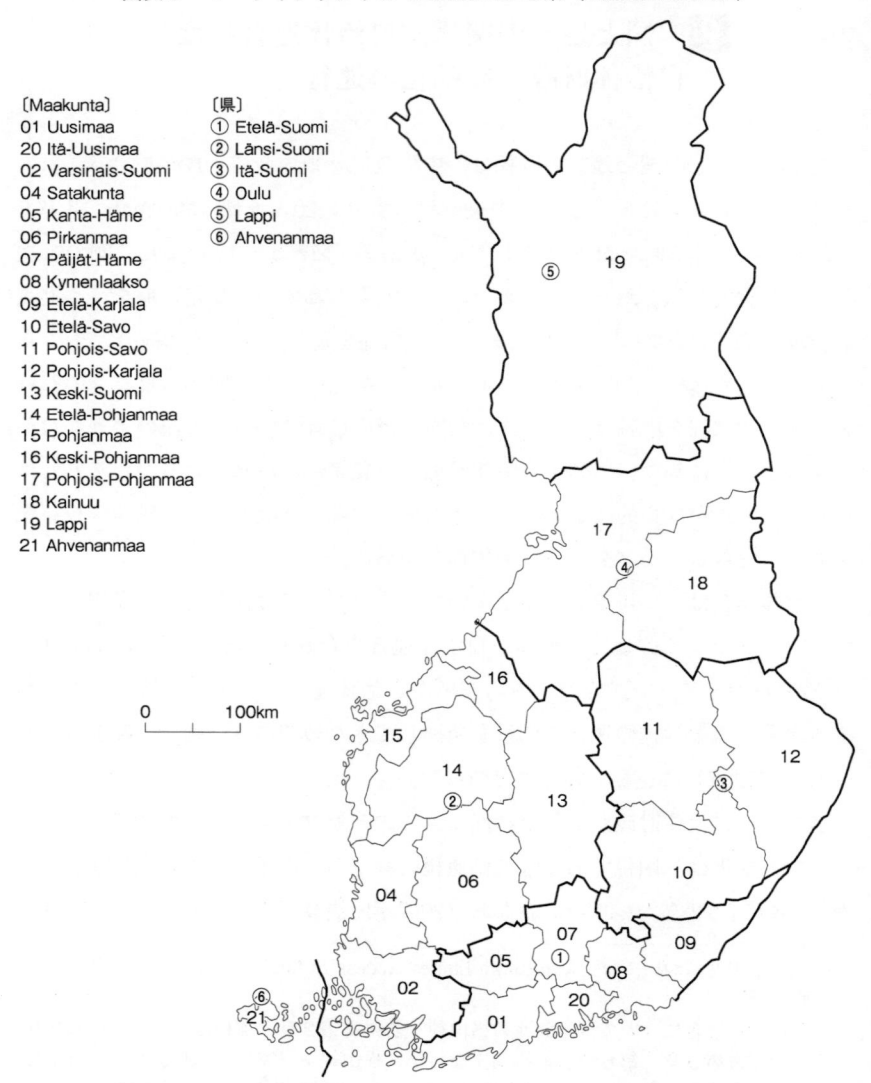

〔Maakunta〕
01 Uusimaa
20 Itä-Uusimaa
02 Varsinais-Suomi
04 Satakunta
05 Kanta-Häme
06 Pirkanmaa
07 Päijät-Häme
08 Kymenlaakso
09 Etelä-Karjala
10 Etelä-Savo
11 Pohjois-Savo
12 Pohjois-Karjala
13 Keski-Suomi
14 Etelä-Pohjanmaa
15 Pohjanmaa
16 Keski-Pohjanmaa
17 Pohjois-Pohjanmaa
18 Kainuu
19 Lappi
21 Ahvenanmaa

〔県〕
① Etelä-Suomi
② Länsi-Suomi
③ Itä-Suomi
④ Oulu
⑤ Lappi
⑥ Ahvenanmaa

（注1）　2009年1月1日現在。
（注2）　なお，県は2009年12月31日に廃止された。
出所：Tilastokeskus "Suomen tilastollinen vuosikirja 2009", 2009, S. 49.

万ユーロ（所得税145億700万ユーロ，付加価値税150億5,400万ユーロ，ガソリンなど燃料への課税29億700万ユーロなど），地方税収入は164億5,500万ユーロ（地方所得税155億9,700万ユーロ）である[8]。自治体間の財政力に違いがあるため，国庫支出金に依存する度合いが高い自治体もあれば自主財源の比重の高い自治体もある。平均では地方税と国庫支出金の比率は3対1である（2007年度決算）[9]。

また，北欧諸国のなかでは，今後，フィンランドが最も高齢化のテンポが早い。つまり，2010年から2020年にかけてフィンランドの65-79歳人口が26万人増加し，2025年頃に65-74歳人口を75歳以上人口が上回る見込みとなっているのである。さらに，フィンランドでは，2025年にほぼ4人に1人が高齢者になる見込みである[10]。日本においては，後期高齢者人口が前期高齢者人口を上回るのが2017年，高齢者比率が25％に達するのが2013年と見込まれている[11]。最も高齢化が急ピッチで進んでいる日本には及ばないものの，フィンランドの高齢化がかなりの勢いで進んでいることが理解できるのである。

3 高齢者の介護サービスの利用状況

2005年にホームケアサービス（訪問介護サービスと訪問看護サービス），高齢者用サービス付き住宅（グループホームのような24時間サービス付きの高齢者用サービス付き住宅を含む），老人ホーム，病院（長期入院）を利用する65歳以上の高齢者は約11万人（65歳以上に占める割合は13％），75歳以上の高齢者数は9万3,000人（75歳以上に占める割合は25％）であった（**図表5-2**）。

老人ホーム入居者数（ほとんどが長期利用者）と長期入院者数（医学的な治療に

---

8) "Vuosikirja 2009"。なお，フィンランドの地方所得税率（全国平均）は1998年度が17.54％，2005年度が18.30％，2007年度が18.46％，2009年度が18.59％であり，徐々に上昇している。"Vuosikirja 2009"，"Vuosikirja 2007" ならびに "Vuosikirja 1998" を参照。
9) "Vuosikirja 2009" を参照。
10) "Nordic Statiscal Yearbook 2007" ならびに "STAKES Ikääntyneiden sosiaali-ja terveyspalvelut 2005（以下，STAKESの2と略す）を参照。
11) 内閣府編『平成20年版高齢社会白書』，2008年5月を参照。

図表5－2　高齢者の介護サービス利用状況

65歳以上の利用状況
(人，％)

年	ホームケア		高齢者用サービスつき住宅		高齢者用サービスつき住宅のうち24時間サービスつき		老人ホーム		長期入院	
	利用者数	割合	利用者数	割合	利用者数	割合	利用者数	割合	利用者数	割合
1990							25,659	3.8	11,311	1.7
1995	53,293	7.3	13,990	1.9			22,546	3.1	12,255	1.7
2001	52,353	6.6	21,658	2.8	9,005	1.2	20,092	2.6	12,136	1.5
2005	54,316	6.5	24,982	3.0	15,639	1.9	18,898	2.2	11,198	1.3

75歳以上の利用状況
(人，％)

年	ホームケア		高齢者用サービスつき住宅		高齢者用サービスつき住宅のうち24時間サービスつき		老人ホーム		長期入院	
	利用者数	割合	利用者数	割合	利用者数	割合	利用者数	割合	利用者数	割合
1990							22,180	7.8	9,608	3.4
1995	41,294	13.8	10,197	3.4			19,535	6.5	10,312	3.4
2001	42,231	12.1	17,911	5.1	7,791	2.2	17,755	5.1	10,362	3.0
2005	45,037	11.8	21,310	5.4	13,554	3.4	16,878	4.3	9,758	2.5

（注）　割合とは65歳以上人口，75歳以上人口に対する各サービスの利用者の割合である。

出所：STAKES "Ikääntyneiden Sosiaali-ja terveyspalvelut 2005", S.34.

よる患者数を含む）は絶対的にも相対的にも減少している。反面，高齢者用サービス付き住宅の利用者数が増大している。2005年の高齢者用サービス付き住宅の利用者の約65％は，グループホームなどの24時間サービス付きの高齢者用サービス付き住宅の利用者である。また，ホームケアサービスの利用者数は横ばいだが，当該年齢構成別人口に占める割合は65歳以上，75歳以上ともに低下している。このようななか，ホームケアサービスの訪問回数（1995－2005年）は，月1－8回，9－16回が減少している反面，月40回以上が増大している[12]。明

---

12)　STAKESの2を参照。

らかに重度のホームケアサービス利用者へのサービスの重点化がみられるのである。また，インフォーマルサービスである近親者介護サービス[13]の伸びが，1995年以降，どの年齢層の高齢者においても増大している。

4 福祉民営化[14]の進行

(1) 福祉・保健医療従事者数[15]

自治体と自治体連合で働く福祉従事者数は10万1,400人である（2006年）。1980年代後半に，保育所を中心に大きく増加して1990年に9万1,700人になったが，不況とその後の数年間に伸びは止まった（1995年は8万8,800人）。1990年代後半以降，再びやや増加基調になり，2001年には10万人に到達したが，それ以降は横ばいになっている[16]。また，自治体と自治体連合で働く保健医療関係の従事者数は1990年代前半に減少して10万7,100人となったが，その後はほぼ継続的に増加し，2006年は12万3,700人となっている[17]。

これに対し，民間で働く福祉ならびに保健医療従事者数は，この10年間で大幅に増加し，2004年末には1995年の2倍の7万1,800人になっている。福祉従事者が4万3,461人（営利1万2,573人，非営利3万888人），保健医療従事者数は2万8,362人（営利2万642人，非営利7,720人）である。福祉・保健医療のどちらにおいても，1995年以降，特に営利企業の参入が目立ってきていることが把握

---

13) 近親者介護サービスとは，家族，もしくは介護を受けている高齢者と密接な関係にある者が，介護サービス計画の策定時に，その必要性が認められた場合に，高齢者の自宅で介護サービスを提供でき，その代償として介護手当が支給されるものである。自治体と当該介護サービス提供者は，介護手当の額，介護者に保証される休日等について契約を結ぶ必要がある。なお，近親者介護手当は，高齢者だけではなく，障がい者や病人など広く対象が認められている。以上は，STAKESの2を参照した。
14) 本章では，福祉民営化という時，主に，サービス提供の責任主体である自治体が，民間（営利企業や非営利組織）からサービスを購入する民間委託を指す。
15) 福祉従事者，保健医療従事者についてはSTAKESの2を参照。
16) STAKESの1を参照。
17) STAKESの1を参照。

第Ⅰ編　グローバル財政論

図表5－3　民間の社会福祉・保健医療従事者の状況

	社会福祉											保健医療											
	非営利			営利			合計			住民当り		非営利			営利			合計			住民当り	
	1990	1995	2004	1990	1995	2004	1990	1995	2004	2004		1990	1995	2004	1990	1995	2004	1990	1995	2004	2004	
全国計	13,543	13,913	30,888	641	1,826	12,573	14,184	15,739	43,461	8.3		7,364	7,519	7,720	13,301	12,576	20,642	20,655	20,095	28,362	5.4
Uusimaa	5,803	5,838	10,889	196	462	3,824	5,999	6,300	14,713	10.9		3,014	3,020	2,517	5,293	4,686	7,307	8,307	7,706	9,824	7.3
Itä-Uusimaa	259	240	408	20	45	242	279	285	650	7.0		17	13	16	161	154	301	178	167	317	3.4
Varsinais-Suomi	1,032	1,174	2,182	191	265	1,204	1,223	1,439	3,386	7.5		243	229	423	1,399	1,494	2,219	1,642	1,723	2,642	5.8
Satakunta	314	369	931	7	42	485	321	411	1,416	6.0		83	247	405	492	448	689	575	695	1,094	4.7
Kanta-Häme	339	268	765	14	94	357	353	362	1,122	6.7		49	105	128	258	272	412	307	377	540	3.2
Pirkanmaa	864	1,035	2,892	10	78	661	874	1,113	3,553	7.7		550	520	618	1,163	1,182	1,930	1,713	1,702	2,548	5.5
Päijät-Häme	626	561	1,147	7	36	316	633	597	1,463	7.4		616	444	472	383	396	541	999	840	1,013	5.1
Kymenlaakso	450	563	1,476	9	45	386	459	608	1,862	10.0		104	129	125	345	359	520	449	488	645	3.5
Etelä-Karjala	252	268	618	3	79	377	255	347	995	7.3		55	35	73	238	246	459	293	281	532	3.9
Etelä-Savo	494	502	1,094	14	62	476	508	564	1,570	9.7		445	420	375	275	222	376	720	642	751	4.7
Pohjois-Savo	481	438	1,075	6	150	735	487	588	1,810	7.2		588	400	276	595	525	1,195	1,183	925	1,471	5.9
Pohjois-Karjala	197	254	833	3	70	515	200	324	1,348	8.0		212	249	122	234	264	534	446	513	656	3.9
Keski-Suomi	411	510	1,351	9	93	590	420	603	1,941	7.3		277	279	453	476	460	793	753	739	1,246	4.7
Etelä-Pohjanmaa	239	272	705	20	73	424	259	345	1,129	5.8		174	211	283	351	362	566	525	573	849	4.4
Pohjanmaa	354	282	813	–	5	234	354	287	1,047	6.0		80	182	152	369	316	558	449	498	710	4.1
Keski-Pohjanmaa	105	101	297	–	3	89	105	104	386	5.5		28	69	71	97	107	183	125	176	254	3.6
Pohjois-Pohjanmaa	650	653	1,736	76	165	1,076	726	818	2,812	7.5		587	715	875	705	598	1,256	1,292	1,313	2,131	5.7
Kainuu	208	206	607	22	37	295	230	243	902	10.5		69	54	67	160	178	278	229	232	345	4.0
Lappi	403	326	970	22	21	281	425	347	1,251	6.7		160	198	269	274	261	445	434	459	714	3.8
Ahvenanmaa	62	53	99	12	1	6	74	54	105	4.0		13	–	–	33	46	80	46	46	80	3.0

（注）　各年とも12月31日の数値。
出所：STAKES "Sosiaali-ja terveydenhuollon tilastollinen vuosikirja 2007", S. 144-145.

できるのである（**図表５－３**）。

　このなかで高齢者サービスの部門で働く従事者数は自治体・自治体連合が約５万人，民間が約３万人である。うち，訪問介護で働く従事者数は自治体・自治体連合が１万1,957人，民間が2,365人である。老人ホームで働く従事者数は自治体・自治体連合が13,012人，民間が3,092人である（**図表５－４**）また，高齢者用サービス付き住宅で働く従事者数は自治体・自治体連合が4,574人，民間が１万276人である。長期入院に対応する病院・診療所で働く従事者数は，自治体・自治体連合が18,530人である。自治体・自治体連合で働く訪問看護サービスの従事者数は1995年に比べ2005年には2.5倍増になったが，訪問介護は微減となっている。1995年以降，75歳以上人口に占める訪問介護従事者の割合は低下し，訪問看護従事者の方は増加している。近年では，サービスを多数使う重度の利用者が増えているため，これが訪問看護サービスの利用の増加になって現れ，訪問看護の従事者数が増加しているのである。

　訪問介護サービスでは民営化（民間委託化）が進み，自治体・自治体連合の従事者数は微減となり，民間の従事者数は増加しているが（1990年333人，2004年2,365人），民間の従事者数は2005年の段階では自治体・自治体連合の従事者数の５分の１に過ぎない。スウェーデンにみられるように大規模な民間会社の訪問介護への参入は，今のところは顕著ではないし[18]，訪問介護サービスの民間委託を進める自治体の全自治体数に占める割合は，現時点ではそう多くはない。老人ホーム数は国の方針もあって減少傾向にあるため，自治体・自治体連合立の老人ホームで働く従事者数は減少している。民間の老人ホームの従事者は増加しているものの，わずかの増加に過ぎない。このことは，老人ホームが縮小の流れにあることや，自治体・自治体連合立での老人ホームの運営が圧倒的に多いことによるためである。

　これに対し，高齢者用サービス付き住宅では顕著な変化がみられ，その従事者数は大きく増大している。1990年に自治体・自治体連合で働く従事者数は

---

[18] スウェーデンのソルナ市において実施した民間の訪問介護サービス会社からの聞き取り調査（2008年２月29日）による。

第Ⅰ編　グローバル財政論

図表5－4　高齢者介護サービスの従業者数

(人)

		1990	1995	2000	2005	1990－2005	2000－2005
訪問介護と訪問看護	訪問介護（自治体・自治体連合立）	11,442	12,586	12,792	11,957	4.5%	－6.5%
	75歳以上人口に占める割合（千分比）	40.4	41.9	37.6	30.4		
	訪問看護（自治体・自治体連合立）	1,651	1,357	1,312	3,277	98.5%	149.8%
	75歳以上人口に占める割合（千分比）	5.8	4.5	3.9	8.3		
	合　計	13,093	13,943	14,104	15,234	16.4%	8.0%
	75歳以上人口に占める割合（千分比）	46.3	46.5	41.4	38.8		

		1990	1995	2000	2005	1990－2005	2000－2005
高齢者用サービスつき住宅	高齢者用サービスつき住宅（自治体・自治体連合立）	1,062	1,481	2,724	4,574	208.8%	67.9%
	高齢者用サービスつき住宅（民間）	1,353	2,589	6,263	10,276	296.9%	64.1%
	合　計	2,415	4,070	8,987	14,850		
	75歳以上人口に占める割合（千分比）	8.5	13.6	26.4	37.8		
老人ホーム	老人ホーム（自治体・自治体連合立）	16,410	15,031	14,694	13,012	－13.4%	－11.4%
	老人ホーム　（民間）	2,341	2,382	3,284	3,092	29.8%	－5.8%
	合　計	18,751	17,413	17,978	16,104		
	75歳以上人口に占める割合（千分比）	66.2	58.0	52.8	41.0		
長期入院介護医療機関	長期入院介護医療機関（自治体・自治体連合立）	19,877	17,418	18,419	18,530	6.4%	0.6%
	75歳以上人口に占める割合（千分比）	70.2	58.0	54.1	47.2		

		非営利	営　利	合　計
参考2004年	老人ホーム　（民間）	2,884	208	3,092
	高齢者用サービスつき住宅（民間）	10,736	4,725	15,461
	訪問介護　（民間）	631	1,734	2,365

（注1）　高齢者用サービスにつき住宅には24時間サービスつきの高齢者用サービスつき住宅を含む。
（注2）　民間の訪問介護には，高齢者以外を対象とする訪問介護が含まれているため，参考として掲載した。
（注3）　高齢者用サービスつき住宅の参考の数値には高齢者以外を対象とするものが含まれている。このため高齢者の利用状況にもとづいて割り出した数値を（2005年，10,276人），民間の高齢者用サービスつき住宅の従業者数としてある。
（注4）　訪問介護は11月30日現在，それ以外は12月31日現在の数値。
出所：STAKES "Ikääntyneiden sosiaali-ja terveyspalvelut 2005", S.76, S.79.
　　　参考については STAKES "Sosiaali-ja terveydenhuollon tilastollinen vuosikirja 2007", S.142-143.

1,062人，民間で働く従事者数は1,353人であったものが，2005年には，それぞれ4,574人，1万276人と飛躍的に増大している。なかでも民間の従事者数の伸びが顕著で，15年間で8倍近い伸びを示している。2005年の高齢者用サービス付き住宅で働く従事者数全体に占める民間の従事者の割合は約7割と圧倒的なシェアを占めているのである。

(2) 福祉民営化の進行

福祉民営化の動向を従事者数だけではなく，各種統計によって確認しておこう[19]。

まず，老人ホームについて，年間の利用日数（介護日数）でみてみると，自治体・自治体連合が88.3％，民間が11.7％であった。高齢者用サービス付き住宅（24時間サービス付き住宅を含める）は，2006年12月31日現在の入居者数でみると，自治体・自治体連合が43.1％，民間が56.9％であった。24時間サービス付きの高齢者用サービス付き住宅だけを取り上げ，2006年12月31日現在の入居者数でみると，自治体・自治体連合が40.5％，民間が59.5％であった。長期入院介護の医療機関については年間利用日数（介護日数）でみてみると，自治体・自治体連合が95.1％，国が1.2％，民間が3.7％であった。

さらに，民間の老人ホーム数は，2000年に53，2006年に44（営利10，非営利34）と減少しているが[20]，これは国の老人ホーム削減方針と密接に関連している。民間の高齢者用サービス付き住宅は，2000年に1,042，2006年に1,400（営利745，非営利665）と増加している。また，民間の訪問介護事業者数は，2000年に353，2006年に530（営利434，非営利96）と増加している。

なお，フィンランドでは，民営化という場合，営利企業だけではなく，非営利組織による事業展開が多いことが大きな特徴となっている。非営利組織の高

---

19) 統計についてはSTAKESの1を参照。
20) 民間の老人ホーム数，高齢者用サービス付き住宅数，訪問介護事業者数ともに，2006年の数値はSTAKESの1，2000年の数値はSTAKES "Facts about social welfare and health care in Finland 2007"を参照。

齢者介護分野の活動に対しては，もともと非営利活動の歴史と実績があることと，スロットマシーン協会による非営利組織への運営資金や建設資金の援助の役割が大きいのである[21]。

5 高齢者介護の財政

(1) 社会保障費の動向

社会保障支出は420億ユーロ（2005年度），そのなかで公的年金を含む高齢者向け支出は137億ユーロである。高齢者向けの福祉サービスの支出は15億ユーロ（利用料金は含まない）である。このなかで老人ホーム入居者へのケアの支出が最大であるが，高齢者向けの福祉サービス支出に占める割合は低下してきている（**図表5-5**）。つまり，1990年の61％から2005年の42％に低下したのである。ただし，2000年代に支出額が再び増加に転じ，2005年は6億3,400万ユーロとなった。訪問介護の支出は3億7,000万ユーロ，近親者介護手当は6,160万ユーロで，2000-05年の伸び率が高かった。さらに，これ以外のサービス（高齢者用サービス付き住宅やデイケアサービスなど）の伸びが著しく，2005年度は4億3,800万ユーロであった。この数値は，高齢者用サービス付き住宅（24時間サービス付きを含む）の伸びが続いていることを反映しているということができよう。

---

21) STAKESの2を参照。なお，高齢者向けの福祉サービスを展開する民間（非営利組織）に対して，スロットマシーン協会が援助金を出している。2005年度においては，その金額は2,700万ユーロであった。これについては，STAKESの2を参照。

図表5－5　1990－2005年の高齢者介護サービスの支出額と伸び率

(百万ユーロ, %)

金　額	1990	1995	2000	2005
高齢者向け施設ケア（老人ホームなど）	522.2	522.6	526.4	633.9
訪問介護	237.6	251.9	297.2	371.9
近親者介護サービス	36.3	38.4	43.6	61.6
他のサービス（デイケアサービス，高齢者用サービスつき住宅等）	59.3	111.5	247.2	437.9
合　計	855.4	954.3	1,114.4	1,505.3

伸　び　率	1990-1995	1995-2000	2000-2005
高齢者向け施設ケア（老人ホームなど）	5.8	-4.7	20.4
訪問介護	6.0	18.0	25.2
近親者介護サービス	5.7	13.7	41.3
他のサービス（デイケアサービス，高齢者用サービスつき住宅等）	88.0	121.7	77.2
合　計	11.6	16.8	35.1

（注）　保健医療サービス支出は含まれていない。
出所：STAKES "Ikääntyneiden sosiaali-ja terveyspalvelut 2005", S.86.

(2)　財源[22]－主に国庫支出金と利用料について

　自治体が提供した高齢者向け福祉サービスの全支出をカバーする財源の内訳（2005年度）は利用料が9％，地方所得税が60％，国からの移転である福祉・保健医療包括補助金等が31％であった。1993年の改革以降，経済成長の鈍化とも関連しながら，中央政府の移転支出は減じられてきたが，2001年度以降は再び増大してきている。

　なお，国庫支出金には，福祉・保健医療包括補助金，教育・文化包括補助金，

---

22)　財源についてはSTAKESの2を参照した。

一般国庫交付金，税収格差是正の補助金，投資にかかわる国のプロジェクト補助金等があるが，これらの補助金，交付金の一部も福祉のための財源となっている[23]。1990年代半ばには福祉施設建設に充当するための国庫支出金が廃止された。そこで，自治体は国のプロジェクト補助金や包括補助金のなかで対応することになったため，自治体が自前での施設整備が行いにくくなった点は否めない。なお，2010年に国庫支出金改革が行われ（2010年1月実施），教育文化包括補助金の一部やプロジェクトの国庫支出金を除き，大部分の国庫支出金が統合されることによって一般補助金がつくられた[24]。

また，自治体は，福祉・保健医療の利用料にかかわる規定の範囲内で，自由に利用料を決めることができる。利用料は固定されているか，もしくは利用者の支払能力に依存する。いくつかのサービスについては，法律によって無料とされている。短期のケアの場合は定額制が多い。老人ホームは利用者の支払能力，ホームケアはサービス量，サービスの種類，サービスを受ける家族の所得と規模で決まる。サービスがどの程度，利用料金でファイナンスされるのかはサービスによって異なる。利用者は高齢者向けの訪問介護サービスの支出の6分の1をファイナンスする。老人ホームサービスについては，支出のほぼ5分の1がカバーされている。

6 おわりに

以上みてきたように，フィンランドでは高齢者福祉サービスの民営化が進行していることが把握できた。著しく進んでいるのは高齢者用サービス付き住宅であるが，訪問介護サービスや老人ホーム，病院・診療所でも一定程度進んだ。ただし，民営化とは自治体による民間委託が中心であり，法律に基づき自治体サービスを民間が行う形をとっているものである。

---

23) これらの補助金については"Valtion talousarvioesiteys 2009"を参照。
24) 2010年の国庫支出金改革については，注5）の横山純一前掲書第6章ならびに横山純一前掲論文を参照。

民営化の背景にあるのは，高齢者のニーズの多様化もあるだろうが，同時に指摘したいのは，自治体の財政問題である。つまり，社会福祉施設の整備のための国庫支出金が廃止され，投資的な国庫支出金については国のプロジェクト補助金による交付に軸足が移されてきていること，包括補助金や一般交付金についても特に1990年代に総額が抑制されていたことが，自治体財政に与えた影響は大きかったのである。さらに，自治体税収のほとんどを占める地方所得税の税率は徐々に上昇しているが，近年ではその引き上げについての住民合意に苦労している場合が少なくない。このようななかで，自治体が社会福祉や保健医療サービスの提供面の責任主体であることは変わらないものの，民間や自治体連合からサービスを購入して，これを自治体サービスとして幅広く提供するようになったことが大きかったのである。

では，民営化の影響は何であろうか。1993年改革で福祉・保健医療包括補助金が成立したが，それ以前の使途が厳しく限定されていた国庫支出金時に比べて，包括補助金になることにより，老人ホーム等の職員配置の規制緩和が行われた。これは，自治体や自治体連合で運営される施設にも民間の施設にも適用されるため，近年の民営化の流れのなかで福祉施設の職員配置がどのように変化し，それと関連してサービスの質がどのようになったのかの検証が必要である。また，民営化に伴って，訪問介護従事者の対象とする地域範囲や1日の訪問高齢者数，2人勤務や深夜勤務の状況の検証を行うことや，福祉従事者の賃金，夏季休暇取得や労働シフトも含めた労働条件，労働組合加入状況などについても調査研究しなければならない。これらは今後の筆者の課題なのであろう。

グローバル・イシュー

第6章

欧州連合（EU）の金融危機と財政

> ギリシャの財政危機は，一国の債務不履行問題にとどまらず，欧州連合（EU）の諸国や世界経済に大きな影響を及ぼしている。このギリシャの問題が他の国に波及しかつ長期化していることは，単なるギリシャ一国の問題だけでなく，根源的な問題は，政治・経済，そして通貨統合を推し進めてきたEU内にあるといえよう。この章では，欧州連合や通貨統合の歴史などを概観し，その根源になる問題点や課題などを論じていきたい。

1 はじめに

　ギリシャ財政危機に端を発したユーロ金融危機は，世界経済を概観した場合の最もホットな話題の一つであり，世界経済が貿易や通貨などの実物および金融経済で相互に連携している今日にとっては，わが国経済のみならず世界経済にとって看過できない重要課題である。特に，ギリシャのデフォルト（債務不履行）問題，その救済方法などが連日ニュースを賑わせているが，この問題の根は，単にギリシャの財政再建という問題だけではなく，EUという体制内の制度的・構造的な問題が露呈したものであり，制度的・構造的な問題を改善しなければ根本的な問題の解決にならない。

第Ⅰ編　グローバル財政論

　単にデフォルトや国の対外債務不履行の問題であれば1998年のロシア財政危機，2002年のアルゼンチンの財政危機のようにIMFや世界銀行などの措置により単発的な事象として処理されよう。しかし，今回のギリシャ財政危機問題が長期化していることは，やはりEU内の制度的・構造的な問題を内包化しており，構造的な問題を秘めているからである。

　この章では，ソブリンリスク（国家の信用リスク）やギリシャをはじめとした対外債務のデフォルトへの対応といったEU域内の金融・財政問題を論ずる前に，まずEUや単一通貨「ユーロ」の歴史や制度などを概観し，その後，域内の問題点や課題，それに対してどのような対応を図っているのかなどについて論じていきたい。

2　EUの誕生と通貨統合

　ヨーロッパで行われている欧州諸国の統合は，大戦を繰り返してきたヨーロッパ諸国の悲願である。1946年ウィンストン・チャーチルが「ヨーロッパ合衆国構想」を唱え，それが反響を呼び1949年に欧州評議会が設立された。翌年1950年にフランス外相ロベール・シューマンが戦争で利用される兵器の製造に必要な鉄鋼や石炭という素材の産業を統合することを目的とする共同体の設立を趣旨とするシューマン宣言を行い，翌年1951年にフランス，イタリア，ベルギー，オランダ，ルクセンブルグと西ドイツの6カ国は欧州石炭鉄鋼共同体を設立するパリ条約を締結し，翌年1952年7月23日に，欧州石炭鉄鋼共同体（European Coal and Steel Community：頭文字からECSCともいう。50年後の2002年に条約が失効）が発足した。1957年に，加盟6カ国で欧州経済を統合する共同体である欧州経済共同体（European Economic Community：EEC）を発足した。この共同体は，アメリカやソ連に対抗することができる経済圏の設立を目的とし，関税の統一や資本・労働力の移動の自由化，農業政策の共通化などを行っていた。

　ECSCは欧州経済共同体，欧州原子力共同体（European Atomic Energy

第6章　欧州連合（EU）の金融危機と財政

Community：EAEC）と連合（三つの条約を柱とする共同体である欧州諸共同体を設立）し，1967年に欧州共同体（European Community）に統合された。ECには1971年にイギリス，アイルランド，デンマーク，1981年にギリシャ，1986年にスペイン，ポルトガル，1990年に東西ドイツの統一により東ドイツの5州が加わり，加盟国も12カ国となった。ECはEECの目的を引き継ぎ，国境のない単一市場をつくり，商品やサービス，資本・労働力の移動の自由化を目指していた。

東西ドイツの統一後，1992年2月7日に欧州連合条約（マーストリヒト条約）が調印され，1993年11月1日にECをさらに進展させた欧州連合（European Union：EU）が加盟国12カ国で発足した。1995年にフィンランド，オーストリア，スウェーデンの3カ国，2004年にハンガリー，エストニア，キプロス，チェコ，ポーランド，マルタ，ラトビア，リトアニア，スロバキア，スロベニアの10カ国が加盟，2007年にブルガリアとルーマニアの2カ国が加盟し，2012年3月現在で27カ国が加盟している。EU域内の人口は，約5億人であり，ヨーロッパの人口の約68％を含める市場となった。

第二次世界大戦後に発足したECSCからEC，EUと進展してきたが，統合の目的は，(1)欧州石炭鉄鋼共同体からの基本的な思想であるヨーロッパの不戦共同体の確保，(2)域内で協調して統合や共通安全保障体制を確立すること，(3)そしてヨーロッパの発言・影響力を高めることなどの3点にまとめることができる。

さて，EUはヨーロッパのなかに経済市場の共同体を確立し，加盟国が増加し，関税の統一や資本・労働力の移動の自由化を図ることなどによって域内の活性化に努めてきた。1971年にブレトンウッズ体制が崩壊し，為替変動を2.25％の変動幅を採用し，1979年3月にEC加盟国の為替相場を半固定相場化する欧州為替制度（European Monetary System：EMS）が設立され，欧州為替相場メカニズム（European Exchange Rate Mechanism：ERM）を創設し，後のユーロの基礎となる欧州通貨単位（バスケット通貨）が誕生した。そして1989年に欧州経済通貨統合（EMU）に向けた具体的なロードマップが定められた[1]。

73

第Ⅰ編　グローバル財政論

　このロードマップによると，第1段階で域内市場統合の準備活動が行われ，1990年代央に第2段階としてマクロ経済政策の協調が行われ，定められた経済収斂基準の達成を目指しながら参加国を決定，また欧州中央銀行などを創設，1999年1月より第3段階として単一通貨ユーロを導入し，経済通貨統合を完成することを狙いとしていた。そのロードマップに従い，ユーロ導入の約半年前の1998年6月1日に，欧州中央銀行（European Central Bank：ECB 初代総裁はウィム・ドイセンベルク，第2代総裁はジャン・クロード・トリシエ，2011年11月からはマリオ・ドラギ総裁となっている）が設立され，ユーロ圏の金融政策を実施し，ユーロ圏物価の安定およびEU諸国の経済支援を行っている。

　ユーロ圏に参加・加入するためには，EU加盟国であると同時に次に示す経済収斂基準（加盟4条件）のすべてを達成する必要がある。

＜経済収斂基準＞
(1) 物価が安定していること……ユーロ圏で消費者物価上昇率の最も低い3カ国の平均値の1.5％以内
(2) 財政が健全であること……財政赤字GDP比3％以下および政府債務残高が60％以下。なお，EUの大国であるイタリアについては，政府債務残高がすでにGDP比100％を超えているが「60％に向かって縮小している」ということで加入を認められている。

---

1) ロードマップは次のとおりである。
　第1段階（1990年7月-1993年12月）：域内市場統合の促進
　　・人，物，サービスの移動の自由化
　　・中央銀行総裁会議（EC各国の中央銀行総裁の集まり）の機能強化
　第2段階（1994年1月-1998年12月）：マクロ経済政策の協調強化
　　・経済収斂基準の達成（ユーロに参加する条件として各国がインフレ率，政府財政赤字等，定められた基準を達成する）
　　・欧州通貨機構（EMI）の創設
　　・1998年5月に第3段階当初からの参加国を決定
　第3段階（1999年1月から）：経済通貨統合の完成
　　・単一通貨ユーロの導入
　　・欧州中央銀行（ECB）による統一金融政策の実施
　　・2002年1月よりユーロ貨幣の流通開始

(3) 長期金利が低利で安定的であること……(1)同様３カ国の長期金利（十年物の国債）の平均値の２％以内
(4) 為替相場が安定していること……２年間独自に切り下げを行わずに，深刻な緊張状態を与えることなく欧州通貨制度の為替相場メカニズムの通常の変動幅を尊重すること

　前述の四つの収斂基準（加盟四条件ともいう）を達成した11カ国が1998年12月31日に旧通貨の為替レートがユーロと固定化され，1999年１月１日よりユーロを採用した。その後６カ国が加入し，2011年末にはユーロを採用する加盟国は17カ国となっている。なお，欧州為替相場メカニズム（ERM）もユーロ導入に伴い，ERMⅡに移行した。
　1999年１月，ユーロ導入がスタートしたが，2001年末までの３年間は試験期間として用いられ，商品の価格などは自国の通貨とユーロを併記しながら現金通貨流通を行い，2001年12月31日夜，すべてのユーロ加入国の預金・商品はすべてユーロ表示のみに切り替えられ，2002年１月１日よりユーロ現金が流通し各国の現金通貨は徐々に市場から排除され，３月１日には預金振替も現金もユーロのみの「専一流通」となってユーロの通貨統合は完成した[2]。
　ユーロの通貨統合は，(1)ユーロ圏の経済統合を大きく進展させ，(2)2000年代

---

2) ユーロ加盟国は次のとおりである。
　　1999年発足時ユーロ導入国：ドイツ，フランス，イタリア，ベルギー，オランダ，ルクセンブルグ，アイルランド，スペイン，ポルトガル，オーストリア，フィンランド
　　　2001年採用国：ギリシャ
　　　2007年採用国：スロベニア
　　　2008年採用国：マルタ，キプロス
　　　2009年採用国：スロバキア
　　　2011年採用国：エストニア
　　ユーロ導入した国では旧自国通貨との取扱については各国で異なるが，基本的には旧自国通貨のユーロへの交換は無期限・無手数料で可能である。
　　モナコ，サンマリノ，バチカンはEUに加盟していないことからユーロ圏ではないが，ユーロ圏と同様にユーロを使用している。これはかつて使用していた通貨がユーロ圏に切り替わったためである。これらの国では独自デザインの硬貨の発行は認められているが，ユーロ紙幣の発行は認められていない。

第Ⅰ編　グローバル財政論

前半にユーロ圏経済の安定化を実現し，(3)ドルに次ぐ世界第２の基軸通貨をもたらすという効果があったといえる。特に，EUの域内では資本や労働力が自由に取引することができることにより，流通面だけでなく域内の設備投資も増加した。特にユーロ圏においては，域内において通貨の交換が必要ではなく手数料もかからず，また為替変動のリスクも不要となり，域内の貿易と投資活動が活発化した。またヨーロッパの約５億人がユーロを利用し，世界第２の基軸通貨となり，国際的使用もドルに次ぐ地位を含めるようになった。

3　サブプライム危機とリーマン・ショック

　1999年のユーロ導入時の対ドルレートは1.17ドルでスタートした（図表６－１参照）。当時ITバブルで好景気なドルに対して２年連続して下落し0.82ドルの底値を付けたが，2001年の米国同時多発テロの発生後，アメリカをはじめとした世界各国では景気浮揚策のために政策金利が低く抑えられた。また，アメリカのブッシュ政権（G. W. ブッシュ：G. H. W. ブッシュ第41代大統領の長男）はイラク戦争で軍事支出を増加し，大幅な減税を実施し，大幅な財政赤字によって巨額の有効需要を作りだし景気を下支えした。低金利は資産価格（不動産価格や株価）を上昇させ，住宅投資を刺激した。資産価格の上昇が楽観的なムードを生みだし，アメリカは空前の消費ブーム・住宅ブームとなり，アメリカの消費ブームは対米輸出を促進させ，世界中に好景気を及ぼした。

　アメリカの政策金利の低下は世界に波及し世界中で住宅価格の上昇や株価などの資産価格が上昇した。EUにおいてもドイツ以外の住宅価格の上昇が顕著となった。EUにおいて「上昇が顕著になった最初の年である1997年を100とすると04年末には，イギリスで240，スペインとフランスで200，イタリアとスウェーデン170となっており，150のアメリカより住宅価格の上昇は大きかった」[3]。

3）　住宅バブルはイギリス，スペイン，アイルランドなどで顕著であった。

第6章　欧州連合（EU）の金融危機と財政

図表6－1　ユーロレートの推移（対ドル）

ブッシュ政権は、イラク戦争後の景気を下支えかつアメリカが以前から抱えている「信用力の低い個人」（主として低所得層）に対しても住宅を提供することができるような政策を推し進めていた。低所得者への住宅ローン（サブプライムローン）については、リスクが高くなることから金融工学を駆使してリスクの低いものなどとともに証券化し、格付け会社などの信用、ファニーメイやフレディ・マックなどの保証を付けて世界中に証券（サブプライムローン）が売り出された。住宅価格の上昇とともにサブプライムローンの取引は拡大していったが、2006年に住宅価格の上昇が終わり、かつ変動金利型住宅ローンのために数年後に金利が高くなったことからローンの延滞、焦げ付きが急増するようになった。アメリカでもハイリターンを期待してサブプライムローンを大量に購入していたファンドが行き詰まり、サブプライムローンの格下げが行われ、問題が表面化した。サブプライム危機による金融機関の損失はほぼアメリカが5割、欧州が4割、その他が1割という分布であり、欧英の金融機関がこのローンを大量に購入していた。

2007年8月9日、フランス第1位の銀行BNPパリバの傘下にあるファンドが口座を凍結したため投資家が資金の受取りができなくなった。ドイツのIKB

第Ⅰ編　グローバル財政論

産業銀行がサブプライムローンの投資で行き詰まっていた最中であったこともあり，欧米のみならず世界中に一気に危機感が広まった。いわゆる「バリバ・ショック」である。バリバ・ショック以降，アイルランド，スペインでは住宅バブルの破綻が激化した。政府が銀行債務保証を行い何とか沈静化の兆しがみえたが，ついに2008年3月，アメリカ第5位の投資銀行ベアー・スターンズが，2008年9月15日，同国第4位の投資銀行であるリーマン・ブラザーズが破綻した。アメリカ政府はサブプライム証券の保有により破綻したベアー・スターンズについては大手商業銀行のJSモルガン・チェースに買収させたが，その後破綻したリーマン・ブラザーズについては救済を拒否した。「大きな銀行でも破綻する」という恐怖心が金融界を支配し，世界中に衝撃は走った。いわゆる「リーマン・ショック」である。このリーマン・ショックを引き金として世界金融危機が暴発し，世界中に信用収縮が発生し，多くの銀行が破綻し，ほとんどすべての国の株価が暴落した。金融の麻痺と先行き不安は実体経済に急速に波及し，各国の実体経済と世界貿易は急激に落ち込んだ。

　世界経済は，リーマン・ショックにより「100年に一度」といわれるような景気後退に見舞われた。世界の経済学者，中央銀行は日本のバブルから長期不況（デフレ）を徹底的に研究していたことから，2008年秋に，世界の金融市場に協調介入し，経営危機にある銀行に対して積極的に早期の資本注入を行った。信用収縮には，世界の中央銀行が同時に金利（FRBもゼロ金利政策）を下げ，金融市場に大量のマネーを供給した。FRB（連邦準備銀行）やBOE（イングランド銀行），ECB（欧州中央銀行）は，信用不安を排除するために資金を市場に大量に供給し，不良債権を市場から積極的に買い戻すなどのオペレーションを行った。このような金融政策と並行して世界各国政府も積極的財政を展開し，金融支援の財源（資本注入）にするとともに，景気浮揚策に努めた。これにより，各国の財政バランスが悪化した。

4 ギリシャ危機とソブリンリスク

　サブプライム危機とリーマン・ショックにより世界経済は大きく減速した。世界各国は金融を緩和し積極的に財政出動して景気を下支えしたことにより徐々にではあるが，経済は沈静化してきた。その最中，2009年10月にギリシャで総選挙が行われ，中道左派のパパンドレウ政権が誕生した。新政権の予算編成中に前政権（新民主主義党）がEUに報告していた財政データに誤りを発見し，財政赤字のGDP比3.7％を12.7％台へ3倍以上に大幅修正した。この変更は，国営企業の歳出項目の多くが財政データに計上されていなかったことによるもので，その後もたびたび修正され，同年11月には15.4％へと修正が行われた。政府自体が財政統計の粉飾決算を行っていたことから，以前から粉飾をしていたのではないかとの疑念が発生した[4]。

　財政統計の修正が発表されると，三大格付け会社がこぞって格付けの見直しを行い，ギリシャ国債の格付けが引き下げられた。この格下げを契機に，世界中でギリシャの国債売りが行われ，国債価格が下落し，4％台だった国債の利回り（長期金利）は刻々と上昇を続け8％台へと跳ね上がった。ギリシャ政府は，高い金利水準では国債発行が不可能となりEUに金融支援を求めたが，もともとEUにはこのような救済制度が用意されておらず，ユーロ圏やEU諸国の思惑が交差し，問題は迷走することとなった[5]。

　ギリシャにはドイツやフランスをはじめとして多くの金融機関が投融資していることから，ギリシャ経済だけでなくほかの欧州諸国の金融機関にも打撃を

---

[4] ギリシャがユーロ加入した時には，収斂基準を満たしていたといわれていたが，その後改定された数値をみると，2001年の財政赤字のGDP比は4.5％，政府債務残高のGDP比は104％でともにユーロ加盟条件を大幅に逸脱していた。

[5] フランスはギリシャ向けの融資残高が多いことからギリシャ支援に積極的であった。イギリスは，一貫して「ギリシャの問題はユーロ圏の問題であるから支援しない」方針である。ギリシャ国債の保有額が多いドイツでも「ギリシャの財政運営の失敗によるつけを何故ドイツ国民が尻ぬぐいをしなければならないのか」と国民の強い反発があり，支援が遅れた。

与えれば欧州経済に大きな打撃を与えかねない状況になってきた。ユーロ圏のコア国であるフランスは国内の金融機関が多額の融資をしていることからギリシャ支援には積極的であったが，ドイツは国内世論などが反対であり，消極的であった。しかし，ギリシャは2010年5月に国債の償還（買戻し）を控えておりこれを支援しなければデフォルト（債務不履行）の危機に直面することから，コア国であるドイツもやっと重い腰を上げ，ユーロ圏とIMFと共同でギリシャを支援することで合意した。

　2010年5月におけるギリシャ第1次支援策が決定し，2013年半ばまでの3年間にわたりユーロ圏諸国が800億ユーロ，IMFが300億ユーロ，合計1,100億ユーロ（約13兆円）の巨額な金融支援（第1次支援）を行うこととなった。ギリシャはこの支援と引き換えに，2014年までに財政赤字のGDP比率をEU基準の3％まで引き下げることが義務付けられた。ギリシャは財政緊縮策，年金改革，民営化を含む「経済プログラム」の実施が義務付けられ，その達成度合いを監視・審査しながら財政支援が分割で行われることとなった。ギリシャは，経済プログラムが義務付けられたことにより，消費税を19％から23％へ4％引き上げ，燃料・たばこ・アルコール飲料・ぜいたく品には物品税の税率を引き上げるなど増税が行われた。また歳出面では，公務員のボーナス，手当の大幅な削減，公務員の抑制だけでなく年金給付ボーナスの削減や給付増額案凍結など年金生活者へ給付を削減し，また国営企業への補助金削減といった対策がとられた[6]。

　ギリシャ財政危機は，EU内の金融・財政支援が不備であること，ユーロという一つの通貨を利用するEUの国々での国債の信用力に格差があることを浮き彫りにし，ユーロ圏各国の信用度に応じて利回りに格差が発生する「国債スプレッド」が注目を浴びるようになった。

　2010年6月，ギリシャ危機で金融市場が動揺するなか，財政危機（ソブリンリスク）に陥ったユーロ加盟国を支援するために欧州金融安定化措置を創

6）このような経済プログラムにより国は二分し，2012年5月に実施された総選挙では緊縮財政に反対する急進左派連合が大きく躍進した。

設することとなった。これはEU 27カ国の金融の安定を目的とし600億ユーロの融資枠をもつ欧州金融安定化メカニズム（European Financial Stabilization Mechanism：EFSM）と，4,400億ユーロとの融資枠をもつユーロ圏の金融の安定を目的とした欧州金融安定ファシリティ（European Financial Stability Facility：EFSF＜欧州金融安定基金ともいう＞）からなる。合計すると5,000億ユーロの融資額があり，IMFの支援枠である2,500億ユーロを合算すると7,500億ユーロ（約86兆円）の融資枠が誕生した。EFSMとEFSFは2013年6月までの時限措置であったが，それらを引き継ぐものとして欧州安定メカニズム（European Stability Mechanism：ESM）が創設されることが2010年12月の欧州理事会で決定されたが，前倒して2012年7月から実施されることとなった。

　さて，このような金融安定化措置はEUの中核国に対する波及を防止する効果は果たしたがEUのなかでも政府の債務残高が高止まりしている国や経常収支の赤字により対外債務規模が膨らんでいる危機国（ギリシャ，アイルランド，ポルトガル，スペイン，当初はイタリアを含めてPIIGS「ピッグス」と呼んでいたが，最近ではGIIPSと呼ばれている）の信用回復には効果を発揮しなかった。リーマン・ショック以後，厳しい景気後退に直面し，住宅バブルが崩壊したアイルランドでは当面は自力で財政再建が可能であり，当面の間は国債の増発はしないとしていた。しかし，銀行への救済費用が予想以上にかかりそれが財政を圧迫する事態が次第に判明していくとアイルランド財政に対して疑念を抱くようになった。対応が遅れてマーケットを不安定にさせたギリシャの場合と違って，EUはマーケットを安定化するためにアイルランド政府への国際支援を強く働きかけ，2010年12月にIMFが225億ユーロ，EFSM 225億ユーロ，FEFSF 177億ユーロ，イギリス，スウェーデン，デンマークの3国が48億ユーロ，合計675億ユーロを支援することとなった。アイルランドの国債売りは低成長のなかで財政赤字・経常収支赤字に悩むポルトガルにも飛び火した。格付け会社がポルトガルの銀行や国債を格下げし，国債スプレッドも高まり資金調達が厳しくなっていた。ポルトガルもソブリンリスクの連鎖を断つために，2011年5月にIMFとEFSM，EFSFがともに260億ユーロ，合計780億ユーロの支援を行う

こととなった。
　このようにさまざまな金融安定化措置にもかかわらずギリシャ第１次支援から１年経て，早くもギリシャ再建が計画通りに進まず，ギリシャに対してさらなる支援（第２次支援）が必要となり，2011年７月のユーロ圏首脳会議において，EFSFから1,090億ユーロの支援を行うことが合意された。これによると第２次支援は，(1)ギリシャ債務の持続可能性の改善，(2)ギリシャ問題のほかの周縁国への伝染の抑え込み，(3)ユーロ圏全体の危機マネジメントの改善を狙いとしていた。また，ギリシャ国債を保有する民間金融機関に対し，債券交換または国債の借り換などを通じて370億ユーロの支援（つまり21％の損失負担）が期待されていた。さらに同年10月に，ギリシャの財政状態のさらなる悪化を受け第２次支援の見直しが行われ，最終的にはEUおよびIMFなどが1,300億ユーロの公的資金を行うことが決まった。また，これに加えて民間の金融機関や保険会社投資家などが保有するギリシャ国債約2,000億ユーロの元本を大幅に軽減したうえで，利率などの条件を新たに見直した新たな国債に交換するなどを行い1,000億ユーロ負担（50％の損失負担。その後訂正され53.7％に変更）させることも盛り込まれた。
　このように，ギリシャの債務再編の必要性によりさらに周縁国への波及は必至であるとの思惑から，特にこれまであまり問題になっていなかったイタリアやスペインへ飛び火した。ギリシャは，支援と引き換えに緊縮策や構造改革を約束したが，2012年５月に行われた総選挙により緊縮策を推し進めていた連立与党が惨敗し，緊縮策に反対する急進左派連合（SYRIZA）が勝利し，政治空白が発生し，不透明な情勢となってきた。

5　欧州金融および財政の安定化措置

　前述したようにギリシャ危機発生後，EUはEFSMやEFSFといった制度を創設し，危機国に対して直接的に金融支援する体制を整備してきた。さらに2012年４月にはIMFの支援枠が拡大し，ESMと合わせると約10,000億ユーロの融

資枠をもつようになった。また2012年7月には，ESMが1年前倒しで創設される予定である。EUではこれらの危機国への直接的な金融支援体制だけでなく，グローバル金融危機への対応の遅れから状況を悪化させたという反省により，欧州システミック・リスク理事会や欧州金融監督機構（欧州銀行監督機関，欧州年金保険監督機関（機構），欧州証券市場監督機関）などのユーロ全体をカバーする監督・規制する機関が創設された。欧州銀行監督機関は主要銀行のストレステストなどを定期的に行い，行政指導などを行っている。

2011年9月に欧州委員会では欧州経済通貨統合（EMU）のガバナンス改善を行うことを決議した。これによると，安定・成長協定を見直し，単年度の財政赤字がGDPの3％以内であっても，債務残高のGDP比60％を上回っており，十分なペースで縮小していなければ「過剰財政赤字国」として認定され，一定期間内に赤字を削減しない場合（「債務の対GDP比基準値60％の乖離幅が過去3年間に年20分の1の比率で減っている場合」）は，GDPの0.2％を有利子で預託する制裁措置がとられることとなった[7]。

より迅速に制裁発動が可能となるように多数決で制裁を否決しなければ自動的に可決する「逆多数決制」が導入されることとなった。また，EU加盟国が毎年予算案を自国の議会に提出する前に，EUが事前に中期予算計画を審査することによって，各国の財政政策の監視を強化する「政策協調のヨーロピアン・セメスター」という仕組みを導入することとなった。財政についての虚偽の統計を使用した場合，制裁金（GDPの0.2％）を新設することとなった。

このような協定の目的は，財政規律の強化，経済政策の協調強化，ガバナンスの改善を通じて通貨同盟の経済的な支柱を強化し，持続的な成長，雇用，競争力，社会的な結束といったEUの目的達成を支援することにある。しかし，ユーロ圏発足から多くの国がこれらの基準に抵触してきたにもかかわらず，一度も制裁が発動されることはなかった。2011年9月では従来の財政規律を厳格

---

7) 財政赤字が3％に達した場合財政赤字是正手続きがとられ有利子預託金が無利子の預託金に変更となる。逆に是正が行われない場合は，預託金が罰金に変わり預託金が返還されなくなる。

化することを確認したが，これらの協定の法的拘束力を高めるために，2012年3月の欧州理事会では英国とチェコを除く25カ国が新たな政府間協定（新財政協定）に署名した[8]。

新財政協定では，従来の規律に加えて，構造的財政支出の均衡化が求められ，国内法上のルール（当該法規は，拘束力を有する恒久的な措置として憲法に定めることが望ましいとされている）として定めなければならない。隔年の一般政府の構造的財政収支が，各区ごとに定められた中間目標を満たし，対GDP比で0.5％以内（公的債務残高の対GDP比が60％を下回っていれば1％までの構造的財政赤字が認められる）の赤字であれば均衡しているとみなされ，同時に一般政府の財政赤字の対GDP比を3％以下としなければならない。各国が導入した国内法規が均衡化ルールに適合しているかどうかの判断は，欧州委員会もしくは当該国以外の協定批准国からの求めに応じて欧州司法裁判所が下し，適合しないと判断した場合は，一定期間内に是正措置をとるよう求めることができる。是正勧告に従わない場合は，GDPの0.1％未満の罰金を科すことができる。また，この協定に批准しない場合はESMを通じた財政支援を受けることができない。新財政協定は，ユーロの安定を担保することが狙いとして調印されたが，協定の運用に裁量的な余地を残している。厳格に運用すればほとんどの国は規律に抵触することとなり，弾力的に運用されれば規律の形骸化は免れないというジレンマにある。また，ユーロ圏のなかでも緊縮財政に異を唱える国もあり，今後の動向が注目される。

6 おわりに―ユーロの今後の展望―

ユーロの通貨統合は，域内の為替コストを消滅させ，生産・販売の効率化が促進されるなどのメリットがある一方で，加盟国は加盟各国の金融・為替政策

---

8) 田中　理著「欧州の債務危機対応で注目される新財政協定の概要と課題」『月刊資本市場』2012.5号。協定の発効にはユーロ圏を構成する17か国のうち，12か国の批准が必要となる。12か国以上の批准が終了している場合には，2013年1月1日に，終了していない場合は12か国目が批准した翌月1日に発行する。

第6章 欧州連合（EU）の金融危機と財政

の自由を失うというデメリットがある。通貨統合のメリットがデメリットを上回るためには，次のような条件が必要であるといわれている[9]。

最適通貨圏の要件は，(1)経済において非対照的なショックが発生しないこと（概ね経済状態が類似していること），(2)通貨圏に非対称的なショックが発生した場合，このショックを為替以外の調整方法で調整が可能であること，(3)貿易面などの経済の開放度が保証され労働者の移動が自由に行われること，(4)賃金や物価が柔軟に変化し競争力の格差が是正されることなどの条件を満たすことである。

この最適通貨圏の論議によると，仮に域内の経常収支などのアンバランスが生じた場合，賃金や物価が柔軟に変動し，国際競争力の格差などによって経常収支のアンバランスが是正されるのである。仮にこのような条件を満たすことができない場合には，通貨統合を円滑に運用するためには財政の移転などによる調整措置が必要となる。

ユーロ圏のさまざまな問題をみると，根源的な問題は，ユーロ域内の不均衡（アンバラン）を是正する機能の欠如にあるといえる。通常，経常収支不均衡が発生した場合，海外の投資家や銀行はその国の通貨価値・信用に不安を覚え，これにより資本の流入が滞りまた為替でアンバランスを調整する。しかし，ユーロ域内の経常収支不均衡は同一通貨であるために通貨価値に全く影響を及ぼさないことから，債権者（経常収支黒字国）から債務者（経常収支赤字国）へ無警戒に貸借を行う。経常赤字国は過剰な借入となり，最終的には政府部門に債務が集中し，一定の範囲を超えるとソブリン危機に発展する[10]。

そして，ソブリン信用力低下が国債保有者である欧州の銀行などの金融機関

---

9) R.マンデルは，外生的なショックが発生した場合，労働力の移動がスムーズに行われることを重要視している。ユーロの収斂基準は，経済の同一性を作り出すという意味では効果的であるが，一度ショックが発生した場合，マンデルの主張するように労働の移動が行われにくい。
10) 不均衡の初期段階では，企業や家計が積極的に借り入れ，内需が拡大し経済成長も高まる。しかし，景気下降期に入ると借り入れに依存すればするほど，景気の谷は深く財政収支も悪化する。銀行の不良債権問題が同時に進行することから金融再生にかかる財政負担も増える。

の信用不安となり，金融市場の信任が損なわれれば金融危機へと進んでいく。現在，EUの域内のアンバランスはこの構造的な問題から発生しており，EUで行われている金融支援策やECBが行った域内の金融機関を支援するLTRO（Long-Term Refinance Operation：長期リファイナンス・オペ），これらを是正するための財政規律の厳格化については二次的な問題の解決策であり，根源的な問題解決ではない。

南欧のEU諸国では，信用不安から危機国の国債のスプレッドが高騰し，事実上自国での国債発行が不可能となり，EUやIMFの支援を仰ぐことによってさらに格付けが低下するなどの悪循環が発生している。ギリシャやアイルランド，ポルトガルの金融支援が信用不安を発生させ，さらにスペインやイタリアといったEUの大国への連鎖が不安視されている。これらの関係を立ち切るためには，ESMの保証枠の積み増しや共通国債（共同債）の発行が期待されている。共同債については，財政再建へのインセンティブを削ぎモラルハザードを起こすこと，ドイツなどの格付けの高い国にとっては逆に発行費用が増えてしまうことなどの理由から財政支援国の理解を得るに至っていない。いずれにせよ，ヨーロピアンセメスターという枠組みを導入し共通国債構想を模索するなど，域内のアンバランスを是正する財政統合への道を模索しているようにみえる。

2012年5月のフランス大統領選挙があり，ドイツのメルケル首相と共にユーロを支えてきたサルコジ氏（「メルコジ」体制ともいわれていた）が敗れ，景気配慮を公約にあげたオランド氏が勝利した[11]。また，同日行われたギリシャ総選挙では，緊縮財政を国民に求めていた与党が議席を減らし，反緊縮を公約とした急進左派連合が大きく議席を伸ばした。選挙後，大統領も調整に入ったが連立協定が不調に終わり，6月に再選挙となった。ユーロでは緊縮財政をさらに進めようとする新財政協定を見据えた動きがある一方，反緊縮の動きもみられ

---

11) 2012年5月13日に行われたたドイツの州議会選挙でメルケル首相が率いるキリスト教民主同盟（CDU）が過去最悪の大敗を喫した。来年秋の下院総選挙の前哨戦といわれていたことから大きな打撃をうけることとなった。

る。ギリシャやポルトガルの影響が周縁国へ波及するような兆候があり，EUやユーロ圏が正念場にあるといえよう。

グローバル・イシュー

第7章

経済のグローバリゼーションと法人所得課税

　グローバリゼーションの功罪についてはさまざまな議論があるが，経済のグローバル化の進展を押しとどめることはもはや困難なものになりつつある。当然，税制改革に関する議論においても，経済のグローバル化の進展については所与のものとして捉え，租税政策を考えていかざるをえない。なかでも経済のグローバル化の影響が大きいのは，資本所得課税，とりわけ法人所得課税であることには異論はないであろう。

　本章では経済のグローバル化をキーワードとして，法人課税改革に関する議論について概観する。まずは日本の法人所得課税について実効税率の面から確認し，改革の方向性について議論するとともに，近年国際的にも議論が高まりつつある課税ベースの変更を含めた抜本的法人課税改革について触れることにする。その後，企業活動のグローバル化によりますます重要性が高まりつつある国際課税の分野から，法人課税の改革についていくつかの論点を取り上げる。

1 日本の法人所得課税の実効税率

日本の法人所得課税の実効税率は38.01％（2012年度，地方税を含む）であり，2015年度からは35.64％にまで引き下げられることになっている。しかしながら，EU平均（22.75％），OECD平均（25.37％），アジア平均（23.12％）などに比較すれば，日本の実効税率はかなり高いものになっている[1]。アジア諸国において，そして欧州諸国においてもドイツ，英国をはじめとして，多くの国で表面税率の引き下げが行われている。そして，日本と同様に法定実効税率が高いといわれてきた米国においても，オバマ政権において法人所得税率の引き下げに向けた議論が本格化しており，連邦の法人所得税税率を35％から28％（製造業に関しては25％）まで引き下げることが提案されている[2]。経済のグローバル化の進展により，まさに国際的租税競争ともいえる状況となりつつあるなか，日本企業の経済活動の海外流出の抑制，および外資系企業の誘致という観点から，日本の法人税率のさらなる引き下げを望む声が高まっている。

もちろん，企業の立地選択，投資選択は，為替水準，賃金水準，従業員の教育・技術水準，大市場への近接性，法的なものを含めたインフラの条件，治安および自然環境などを含め，さまざまな要因によって決定されるものであり，税制だけに左右されるわけではない。さらには，たとえ税が企業の立地選択にある程度の影響を与えるとしても，表面的な法定実効税率をみるだけでは不十分であり，課税ベースの広さについても考えなければならない。

課税ベースについても考慮した実効税率については，限界実効税率（EMTR：Effective Marginal Tax Rate）や平均実効税率（EATR：Effective Average Tax Rate）の概念が有名である。EMTRは資本コストの概念を用いて，減価償却制度や各種優遇措置などを加味し，税が資本コストに与える影響をみようとする

---

[1] KPMG, tax rate online, (http://www.kpmg.com/global/en/Pages/default.aspx) より。

[2] オバマ政権による法人所得税改革の提案については The White House and the Department of the Treasury (2012) を参照。

ものである。EMTRはその国でどれだけの規模の投資が行われるか、すなわち投資水準に対する税の影響をみることができる。そしてEATRは資本コスト以上の収益率をもたらす投資に対する税額を測るものであり、新規に投資をする場合どこの国に投資を行うのが有利かをみることができる。

図表７－１にもあるように、日本の実効税率は、法定実効税率、EMTR、EATRのいずれも高い水準であることが見て取れる[3]。それに対して米国は、法定実効税率は日本と同様に高いが、EMTRは比較的低いことがわかる。これは米国法人所得税の課税ベースがかなり狭いことを示唆しており、課税ベースの拡大が米国にとって重要な課題であることがわかる。日本は法定実効税率、EMTR、EATRでみても高い水準であり、国際競争力の確保のためには、まずは法人税率の引き下げが必要であるとの主張が根強いのは頷ける。さらに、国際的な税率の格差が広がれば、企業には後述するような移転価格などを通じた租税回避の誘因が高まることも考慮に入れなければならない。

もちろん、企業はさまざまな公的サービスから恩恵を得ているのであり、応分の負担を求めるためにも法人減税をすべきではないとの考え方もあるだろう。したがって、法人税率を引き下げるにしても、同時に課税ベースの見直しについて検討することも考えなければならない。実際、法人所得税の引き下げが提案されている米国においても、課税ベースの拡大を行い、税率を引き下げたとしても税収中立にするとしている。したがって、日本においても課税ベースの拡大、例えば研究開発費をはじめとする優遇措置や減価償却制度の見直しなどが検討課題となるであろう。しかしながら、法人税関連の租税特別措置（2008年度で減収額約1.4兆円）の約半分が研究開発促進関連のものであり、それ以外のものでも中小企業関連のものが多いとされている[4]。現在も多くの国が研究開発活動の促進、研究開発拠点の誘致のために政策減税を行っており、例えば、EUにおいても欧州委員会がそれを後押ししている[5]。米国でも研究開発関連

3）　主要国のEMTRやEATRの推移については、鈴木将覚（2010）を参照。
4）　経済産業省（2008），p.61。
5）　詳しくは Commission of the European Communities（2006）を参照。

の優遇措置を縮小しようとする議論は現在のところないようである。正の外部性があると考えられており，何らかの税制上の優遇策を設けることが理論的にも擁護されている研究開発活動に対して，日本だけが政策減税を削減することは困難であろう。したがって，優遇措置を縮小し，課税ベースを拡大することに関しても，実際にはかなりの議論が必要である。

　もし課税ベースの拡大が進まないなかで，法人税の表面税率をさらに引き下げるのであれば，日本の財政事情を考慮すれば，何らかの形で減収分の埋め合わせが必要となるだろう。したがって，消費税，所得税を含め他の税をどのように改革すべきなのかを検討しなければならない。さらに，法人税減税が必要であるとしても，別の形で法人の負担を求めることも検討する必要性があるかもしれない。例えば，選択肢の一つとしては，社会保険料事業主負担分をフィンランドやスウェーデンのような北欧の国のように増やすことも考えられる[6]。もちろん，社会保険料事業主負担は最終的には労働者が負担すると考えれば，果たして法人の負担といえるのか，そしてさらに言えばそもそも法人の負担とは何かという問題は残される。

　また根本的に考えれば，そもそも法人所得に対する現在の課税が望ましいものであるのかについても考えなければならない。株主がすべて国内に居住しており，そして法人所得がすべて株主に配当されるのであれば，株主の段階で個人所得税を課せばよいことになり，法人所得税の存在理由は疑問視されることになる。実際，法人所得税の存在理由としては，個々の株主から徴税するよりも法人から徴税した方が確実に徴税でき便利であること，法人所得税は最終的にだれが支払っているのかはわかりづらいため，政治的に依存しやすいこと，配当されない留保所得への課税，外国人株主への課税などがあげられるが，正常利潤にも課税するため投資に対して中立的ではないこと，資金調達において株式よりも借入を優遇していること，通常の法人組織以外の構成員課税が行わ

---

6) 例えばフィンランドの雇用年金（厚生年金）負担は，事業主が119億ユーロ，被用者が37億ユーロであり事業主分が多い。Vero Skatt (2009), *Brief Statistics*, Helsinki.

れる場合と課税上の差異があること，および個人所得税との間での二重課税が完全には排除されていないことなどさまざまな問題点が指摘されている[7]。こうしたことから，法人所得課税の抜本的改革については古くから議論されて

図表7－1　2011年・実効税率（G7諸国）単位％

	法定実効法人税率	全体的な実効税率（法人レベル）[a]		
		限界実効税率（EMTR） （なお，括弧内の数値は，前者が新規設備投資を株主資本により資金調達した場合のEMTR，後者が負債による資金調達の場合のEMTRである）		平均実効税率（EATR）
カナダ	27.6	33.0	(28・-21)	29.6
フランス	34.4	28.3	(29・-59)	32.3
ドイツ	30.2	23.3	(32・-10)	27.9
イタリア	31.3	24.0	(38・ 1)	28.9
日　本	39.5	42.9	(49・-4)	41.0
イギリス	26.0	32.3	(30・-9)	28.3
米　国[b]	39.2	29.2	(37・-60)	35.7

（出所）　The White House and the Department of the Treasury (2012), p.3, 6, 20より（一部変更および省略）。

（注）a．全体的な実効税率については平均資本コスト（各資産，資金調達別のものとの）と税引き後の実質収益率との差異により計算している。平均資本コストの計算については，65％が留保利益と新規株式発行，35％が負債による資金調達であると計算している。

　　　b．機械へのEMTRとEATRには2010年9月8日以降2012年1月1日までに稼働した資産への臨時100％償却については省いている。

　　　　なお，法定実効税率は最高法人所得税率，課徴金，地方での利益課税（名目）を含んでいる。法定実効税率についてのその他の計算についての注記は原資料を参照されたい。また，EMTRとEATRは実効不動産税率や純資産税率も含めている。同じ実質収益率，インフレ率，経済的減価償却率がすべての国で用いられており，EMTRとEATRにおける差異は税法の違いを反映していることになる。

---

[7]　例えば Institute for Fiscal Studies(2010), pp. 867-870., OECD (2001), chapter 1., OECD (2007), chapter 2., Hufbauer, G.C. and A. Assa (2007)（清水哲之監訳，第2章）などを参照。

おり，近年においてもマーリーズ・レビュー（The Mirrlees Review）をはじめとして，CBIT（Comprehensive Business Income Tax：包括的事業所得税）やACE（Allowance for Corporate Equity）およびキャッシュフロー法人税などに改めて注目する研究が多くなっているのである。そこで，次節においてこうした抜本的法人所得税改革の議論について概観する。

2 抜本的法人課税改革への議論

法人所得税では資金調達の方法により企業負担に差異が生じることについて，従来から批判されてきた。例えば，先の**図表7－1**のEMTRの欄の括弧内にあるように，企業が新規設備投資をする際に，企業が株主資本により資金調達した場合と借入により資金調達をした場合とでは，EMTRに大きな差異がある。これは法人所得の計算の際，借入の場合には支払利子を控除できるが，株主資本の正常利潤については控除できないことに起因している。こうしたことから，資金調達間での中立性を確保するために，CBITやACEなどが従来から議論されており，特にいわゆるリーマンショックにおいて企業の過剰な借入依存の体質が問題となったこともあり，改めて注目を集めている[8]。

ACEは1991年のIFS（The Institute for Fiscal Studies）による提案で有名になった方法であり，基本的には支払利子の控除についてはこれまで通り認めるが，同時に株主資本の正常利潤，すなわち株主資本に対して正常利潤率を乗じたものを控除可能とするものである。なお，正常利潤率としては安全資産である国債利子率等が利用されることになる。これにより資金調達に対する中立性は保たれることになるとともに，経済的レントとなる超過利潤にのみ課税することになることから，限界的投資に対して影響を与えないため効率的資源配分という面でのメリットがある。さらにACEは減価償却の方法に対して，すなわち

---

[8] 以降，この節でのACE，CBIT，およびキャッシュフロー法人税についての説明は，主に Institute for Fiscal Studies（2010），De Mooij, R.A. and Deverux（2009），OECD（2007），佐藤主光（2010）を参考にしている。

第7章　経済のグローバリゼーションと法人所得課税

減価償却の方法として，加速度償却が行われ，定額法，定率法などが用いられようが，中立的であるとされている。例えば加速度償却を用いれば最初に多くの減価償却費を計上することができるが，後に控除可能な株主資本が減少することになる。**図表7－2**にあるように，ACEは経済的レントに課税するキャッシュフロー税と同じ課税ベースとなるのが一つの特徴であるが，後述するようにキャッシュフロー税は投資について即時償却を行う。したがって，ACEではどのような減価償却法を用いたとしても，現在割引価値で考えれば投資を即時償却しているのと同じになるようになっている。

ACEには以上のようなメリットがあげられるが，超過利潤にのみ課税することになるため，現行の法人所得税よりも課税ベースが狭くなり，税収中立にするためには税率を相当上げなければならない可能性があることには注意しなければならない。したがって，国際的な税率の格差が広がる場合には，移転価格などを用いた利益移転や超過利潤を生み出す重要な無形資産（例えばノウハウやブランドなど）の海外移転の懸念が高まるといった問題点がある。なお，ACEに関しては実際にそれに近い税制がいくつかの国で（例えばクロアチア，オーストリア，ラトビア，イタリア，ベルギーなど）導入された実績がある。

また，CBITは1992年に米国財務省により提案されたものであり，支払利子の控除を廃止することで資金調達への中立性を実現しようとするものである。図表7－2にあるように，CBITは株主資本の正常利潤だけではなく資本すべてからの収益に課税するものであり，現行の法人所得税よりも課税ベースが広くなる。したがって，限界的投資に影響を与え，投資が減少する可能性があるが，課税ベースが広くなることで税率が引き下げられる場合には，投資に対する影響は緩和される。なお，CBITが実際に導入された例はないが，各国で導入されている過少資本税制は，そもそも制度の目的自体は大きく異なるが，支払利子の控除を認めないという意味では，制度としては近いものとなる。

また，ミード報告で有名となったキャッシュフロー法人税についても，近年マーリーズ・レビューをはじめとして再注目されている。キャッシュフロー法人税は経済的レントに課税するものであり，売上等のインフローから賃金支払，

原材料や仕入,資産購入などのアウトフローを差し引くことで課税ベースを求める。なお,減価償却を行う現在の法人所得税とは異なり,投資は即時控除されることになる。キャッシュフロー法人税には**図表7-3**のように実物取引だけのRベース,借入などの金融取引も含めたR+Fベース,およびSベース(課税ベースはR+Fベースと同じになる)があり,R+Fベースは同じく経済的レントに課税するACEと同じものになる。

図表7-2 法人税の分類

課税ベースの場所	事業課税における所得の分類		
	株主資本の全収益	資本の全収益	経済的レント
源泉地国	1. 国外源泉所得を免除する伝統的法人税	4. 二元的所得税 5. 包括的事業所得税(CBIT:Comprehensive Business Income Tax)	6. ACEタイプの法人税(Corporate Tax with an Allowance for Corporate Equity) 7. 源泉地原則によるキャッシュフロー税
居住地国 (法人株主)	2. 居住地原則により外国税を税額控除する法人税		
居住地国 (個人株主)	3. 居住地原則に基づく株主に対する税		
仕向地国 (最終消費の場所)			8. 仕向地原則によるキャッシュフロー税 9. 付加価値税タイプの仕向地原則によるキャッシュフロー税

(出所) Institute for Fiscal Studies (2010), p 841. (一部変更)

図表7−3　キャッシュフロー法人税（Rベース，R＋Fベース，Sベース）

	Rベース	R＋Fベース	Sベース＝R＋Fベース
インフロー	製品，サービス，固定資産の売上	製品，サービス，固定資産の売上 借入の増加，受取利子	株式の買戻し，配当支払
アウトフロー	マイナス原材料，固定資産の購入，賃金	マイナス原材料，固定資産の購入，賃金 借入の返済，支払利子	マイナス自己株式発行の増加，受取配当

（出所）　Institute for Fiscal Studies（2010），p.842.

　以上のように抜本的法人課税改革としては，さまざまなものが提示されているが，実現可能性という面から考えれば，すでに実際に導入された事例が少なからずあり，現行の法人所得税と比較的近いACEが最も可能性が高いものであろう。しかしながら，実際に導入した国の多くが比較的短期間でそれを廃止している（クロアチア，オーストリア，イタリアなど）点には注意しなければならない。さらに，これらの改革案はすべて基本的には源泉地原則に基づくものであり，移転価格などの利益移転については解決策とはなりえない。そこで注目されているのが図表7−2にもあるような仕向地原則によるキャッシュフロー税であり，特に付加価値税タイプのキャッシュフロー税である。こうした付加価値税タイプのキャッシュフロー税について述べる前に，まずは現在における国際課税制度について，課税管轄権の配分の問題（特に日本における外国子会社配当益金不算入制度の導入に焦点を合わせる）と国際課税における移転価格問題を中心に取り上げることにする。

3 国際課税

(1) 外国子会社配当益金不算入制度

　企業の事業活動の国際化はますます進展しており，さらにその活動および組織は複雑なものになっている。こうしたなか法人課税改革について考える際には，国際課税の分野が重要な意味をもっている。国際課税においては課税管轄権の配分と二重課税排除の問題，移転価格税制，過少資本税制，タックスヘイブン対策税制を含め，さまざまな課題が指摘されている。そしてさらには電子商取引課税，金融活動税，航空運賃税を含む国際協力税など多くの重要なトピックが存在している。しかしながら，ここでは課税管轄権の配分の問題について，特に2009年度（平成21年度）改正で導入された外国子会社配当益金不算入制度を中心に取り上げる。

　課税管轄権をいかに配分し，二重課税をいかに排除するのかについては，基本的には，居住地原則に基づき内国企業の全世界所得に課税し，外国で支払った外国税については税額控除をすることで二重課税を排除する，ないしは源泉地原則に基づき国外所得免除方式を採用する，すなわち国外所得については課税しないことで二重課税を排除するという二つの考え方が一般的である。

　日本の法人税では基本的には居住地原則をとっており，日本の内国法人，すなわち日本に本店が所在している企業の場合には，全世界所得に対して課税される。そして，この企業が外国で支払った税に関しては，外国税額控除を行うことで二重課税を調整するというのが基本となっている。こうした全世界所得主義・外国税額控除の組み合わせは，資本輸出中立性の観点からは望ましいとされている。すなわち，企業が国内に投資したとしても，外国に投資したとしても同じく日本の税率が適用されることになり，税率の差によって企業の投資判断が歪められないという意味で，資源の効率的配分が促されることになるのである。そして，もし資本輸出中立性が完全に満たされているのであれば，後述するような移転価格などを通じた利益移転は大きな問題にはならないことに

第7章　経済のグローバリゼーションと法人所得課税

なる。

　しかしながら，実際には日本の制度は，資本輸出中立性が満たされているわけではない。一つには外国税額控除は無制限に可能なわけではなく，控除限度額が設けられている。そして，この控除限度額が国外所得に関して一括限度額算定方式で算定される場合，彼此流用が行われる可能性がある。例えば，控除限度額を超える支払外国税がある場合，その控除限度超過額を用いることで，税率の低い国に投資をした方が有利となり得るのである。さらに，日本企業が海外進出に際して子会社を設立した場合には，その子会社の所得については即時に日本で課税されるわけではない。外国での子会社の所得に関しては，それが日本の親会社に配当されるまでは繰延べ（deferral）が行われ，日本で課税されないため，配当を長期間にわたり延期すれば，日本で税を支払うことなく外国税だけを支払うことになる。したがって，日本の制度は居住地原則を基本としながらも，実質的には源泉地原則的な側面があった。

　さらに，こうした外国子会社からの配当については，2009年度（平成21年度）改正により，外国子会社配当益金不算入制度が導入されており，外国子会社からの配当額の95％については課税されないことになった。したがって，外国子会社配当益金不算入制度により，日本の制度はさらに源泉地原則に基づく国外所得免除方式に近い方向へと改正されているのである。そして，こうした制度の導入により，移転価格による企業の利益移転の懸念がさらに高まることになったといえる。

　外国子会社配当益金不算入制度と同様の方法をとる国としては，オランダ，ドイツなどがあり（資本参加免税），現在は英国も追従している。米国でも2005年，連邦税制改革に関する大統領諮問委員会（The President's Advisory Panel on Federal Tax Reform）による報告書において，具体的な国外所得免除方式の導入が提言されていた。実際には提言されていた制度が実現することはなかったが，米国での議論においては，国外所得免除方式の採用は，米国多国籍企業の競争力の確保のために必要であるとされていた。米国多国籍企業と国外所得免除となっている国の多国籍企業が，米国よりも税率の低いある国に進出したと

しよう。すると，米国の税率が適用される米国多国籍企業は，米国よりも低い税率が適用される国外所得免除の国の多国籍企業と，その国の市場で競争しなければならないことになり，同一の競争条件とはならない。すなわち，資本輸入中立性が満たされないというのがその理由である。

さらに学界においても，国外所得免除方式の方が望ましいのではないかとの考えがある。例えば，デザイーとハインズ（Desai and Heines）は保有中立性という考え方を提示している[9]。これは最も生産性の高い無形資産（トレードマークや生産技術）を有している投資家（企業）が，さまざまな生産設備や工場などの物的資本を保有すべきであり，税制がこうした物的資本の保有パターンを変えるべきではないとの考え方である。国外所得免除を採用すれば，自国の多国籍企業が積極的に海外直接投資を行い，その企業の保有する生産技術やトレードマークなどの無形資産が全世界的に活用される。それによって，その国の国民所得は増えるはずであるというのが簡単な保有中立性（国家保有中立性）の説明であり，自国の多国籍企業の競争力を削ぐような税制は望ましくなく，多国籍企業がよりグローバルに競争を繰り広げることこそが必要であり，税制はそれを阻害すべきではないというのが基本的考え方といえる。

以上のように，外国子会社配当益金不算入制度の導入には，それなりの理論的背景があるが，日本におけるこの制度の導入の主たる目的は，これまで海外で内部留保されていた資金が日本へ配当として還流することを促し，さらにそれを国内投資につなげようとするものであった。しかしながら，果たしてこの制度が企業の国内投資を拡大するかについては疑問が残る。なぜならば，たとえ日本の親会社への配当が増えたとしても，必ずしも日本に投資をするとは限らず，そもそもこの制度は税率の低い国への投資を有利にする可能性が高いからである。今後はこれまで以上に他国の法人課税の動向を意識せざるをえなくなり，法人課税の実効税率引き下げの圧力はますます強まることが予想される。米国における議論においても，国外所得免除方式の採用は「底に至る」（race

---

9） 詳しくは Desai, M. A. and J. R. Hines, Jr.（2004）および Hufbauer, G. C. and A. Assa（2007）を参照。

to the bottom) 競争につながることが懸念されていた。

　近年，米国ではオバマ政権の提案において〔脚注2〕を参照〕，外国子会社の所得について，最低税率を設定して繰延べを行わずに即時課税をするという方向性も模索している。日本が源泉地原則的な方向へと舵を切ったのに対して，米国が居住地原則を強化する方向へ進もうとしているのは興味深い。こうした制度は後述する移転価格問題に関しても一定の効果が期待される。もちろん，米国での提案は海外の子会社の所得をどのように把握するのかなど疑問な点も多く，実際に実現可能であるのかは，今後米国での議論が深まるのを待たなければならない。しかしながら，今回の米国での提案は，日本の税制改革に向けた議論に大きな影響を及ぼすことが予想される。

(2) 移転価格問題

　移転価格問題は国際課税の領域において最も解決が困難な問題であるといわれている。移転価格とはグループ企業内での取引に付される価格のことを意味している。多国籍企業はこうした移転価格を操作することによって，企業グループ全体の税引き後利益を最大化することが可能となる。例えば，図表7－4にあるように，A国に親会社がありB国の子会社へある製品を輸出しているものと仮定する。この輸出価格がグループ間での取引価格になり，移転価格となる。図表7－4において親会社はすべての製品を子会社に輸出しており，子会社はB国で親会社から輸入した製品を販売し100の売上があったものとしよう。もし子会社以外の全く独立した企業にこの製品を販売すれば（独立企業間価格という）50の売上があるものとし，その価格で子会社と取引をした場合には，A国での課税ベースは10となり，B国での課税ベースは45となる。ところが移転価格を高く設定し，B国の子会社への売上を60に設定した場合には，A国での課税ベースは20となり，B国での課税ベースは35となる。すなわち，A国とB国の課税ベースの合計である55は変わらないが，課税ベースである利益はB国からA国へと移ったことになる。A国よりもB国の方が高税率であると仮定されているため，このケースでは移転価格を高く設定した方が企業グルー

図表7－4　移転価格が課税ベースに与える影響
（法人所得税と付加価値税ベースの仕向地原則キャッシュフロー税）

	法人所得税		付加価値税ベースの仕向地原則キャッシュフロー税	
	独立企業間価格での移転価格の場合	移転価格が高く設定された場合	独立企業間価格での移転価格の場合	移転価格が高く設定された場合
法人税率 A国	25%	25%	25%	25%
法人税率 B国	30%	30%	30%	30%
親会社（A国に所在，B国子会社に製品を販売）				
売上（B国子会社に対する）	50	60	50	60
費用（A国）	30	30	30	30
賃金（A国）	10	10	10	10
経済的利益（A国の法人税の課税ベース）	10	20	10	20
A国の税収（法人所得税）	2.5	5		
付加価値税タイプのキャッシュフロー税の課税ベース			−40	−40
A国の税収（キャッシュフロー税）			−10	−10
子会社（B国に所在，A国の親会社から製品を購入してB国で販売）				
売上（最終消費者B国）	100	100	100	100
費用（親会社からの輸入への支払い）	50	60	50	60
賃金（B国）	5	5	5	5
経済的利益（B国）	45	35	45	35
B国の税収（法人所得税）	13.5	10.5		
付加価値税タイプのキャッシュフロー税の課税ベース			95	95
B国の税収（キャッシュフロー税）			28.5	28.5

（出所）　Hirscheler, K. and M. Zagler, "Investigating the shift toward a value-added-type destination-based cash flow capital income tax (VADCIT)", Zagler, M. ed. (2010), p. 136. p. 137.（一部変更）

プ全体の支払税額は少なくなるのである。

　こうした移転価格による租税回避は，特にいわゆるタックスヘイブンと呼ばれるような国や地域にある子会社を取引に含めることができれば，企業にとってさらに極めて魅力のあるものになる。もちろん，各国は独立企業間基準に基づく移転価格税制やタックスヘイブン対策税制を置き，こうした企業による租税回避を抑制しようとしている。しかしながら，移転価格税制についていえば，独立企業間での取引が存在しないようなケースやあったとしても取引条件等が異なる場合には，何をもって独立企業間価格とするかは実際には判断が難しいのである。

　国外所得免除方式や外国子会社配当益金不算入制度を導入している場合には，税率の低い国に利益をできるだけ集めれば，明らかにそれだけグループ企業全体が直面する実効税率は低くなるため，特に移転価格の操作やいわゆるタックスヘイブンを通じた取引などによる租税回避行動の増加が懸念される。例えば税率の低い国の外国子会社から親会社が借入をし，その支払利子を高く設定するだけでも外国子会社へ課税ベースの移転が可能となる。もちろん，移転価格税制やタックスヘイブン対策税制の執行強化もなされるであろうが果たしてどこまで有効かは疑問である。日々新たな租税回避技術は開発されており，OECDの非協力タックスヘイブンのリスト化などの有害な租税競争への取り組みや，EUにおける行動要綱（Code of Conduct）などの取り組み，そして情報交換協定を含めた国際的な協力は強化されてきているが，タックスヘイブンの透明性は未だ十分とはいえない。また，移転価格税制についていえば，執行強化が行き過ぎたものになれば，企業側にあまりにも多大なコンプライアンス・コストを強いることになる点も注意しなければならない。90年代初頭の日米租税摩擦のような状況が再来することは，望ましいものとはいえない。現在ではアジア諸国をはじめ多くの国で移転価格税制が整備されており，どの国との間でも移転価格を巡る租税摩擦が生じる可能性がある。

　こうした移転価格問題については，事前確認制度やEUの仲裁条項などの解決策もとられているが，根本的な解決策とはなっていない。移転価格問題の抜

本的解決策としては，定式配賦方式の導入があげられる。定式配賦方式では各国の課税ベースを合算し，それを一定の公式に基づき各国に課税ベースを配賦することになる。先の図表7－4の例においても，移転価格をどのように設定したとしても，A国とB国での課税ベース（経済的利益）を合算したものは55であることには変化がないため，この方式が導入されれば少なくとも合算対象となる国家間では移転価格問題は大幅に解消されることになるが，課税ベース算出のルールと公式を共通したものにしなければならないという難点がある。こうした議論が進捗しているのがEUであり，欧州委員会では共通課税ベースと共通の公式を策定しようとする議論が2001年以降行われている[10]。もちろん，これに異を唱える加盟国も多く，議論の進捗は遅々としたものであったが，2011年には指令案が出されるまでに至っている。

　たとえ，この指令案が採用されたとしても，この方式を選択するかは企業の任意とされているため，EU域内の移転価格問題を解消するとは言い難いが，解消に向けた大きな1歩となりうることは疑いない。そして，課税ベース算出のルールが共通化されることにより，租税競争がより健全なものになることを欧州委員会は期待している。欧州委員会では租税競争それ自体は有害なものではなく，競争を通じて政府部門の効率化が進む可能性があることを指摘している。課税ベースが共通化されることにより，競争の対象となるのは税率だけとなり，こうした税率の競争を通じていずれ法人税の税率は一定の幅のなかに収斂するのではないかと考えているのである。

　また，仕向地原則に基づくキャッシュフロー税の導入も移転価格問題の解決策になり得る。仕向地原則では輸出については課税せず，輸入については課税することになるが，既存の付加価値税の枠組みを使うことで，仕向地原則のキャッシュフロー法人税を実現しようとするものが付加価値税タイプのキャッシュフロー法人税である。課税ベースについては通常の付加価値税の課税ベースから賃金を引いたものとなる。図表7－4にもあるように，付加価値税タイ

10）　詳しくは Commission of the European Communities（2001）を参照。

プのキャッシュフロー税の場合，独立企業間価格で取引をした場合も，それよりも高い移転価格で取引をした場合も課税ベースに変化はなく，A国では－40でB国では95となる。したがって，移転価格を用いた租税回避は不可能であることがわかる。

もちろん，こうしたキャッシュフロー税を導入した場合，図表7－4におけるA国の課税ベース（－40）をみればわかるように，輸出企業へ税の還付が行われるため輸出補助金とみなされる可能性があること。さらにはこの税を外国において外国税額控除の対象としてくれるのかなどの問題点が指摘されている。しかしながら，資金調達に関する中立性，経済的レントへの課税となるため効率性という面で優れるとともに，ACEとは異なり移転価格問題にも対応可能であるというメリットを考えると，長期的にみた法人所得税の抜本的改革案の選択肢として興味深い。

ただし，このような税制が本当に実現可能であるのかについては十分に検討する必要がある。付加価値税ベースの仕向地原則キャッシュフロー税の課税ベースが，通常の付加価値税から賃金を控除したものであることを考えると，すでに通常の付加価値税を導入している国であれば，法人所得税を廃止して，通常の付加価値税を増税し，さらに賃金税や社会保険料事業主負担を廃止したならば，付加価値税タイプの仕向地原則キャッシュフロー税を実質的に導入したのと同じことになる[11]。政治的な側面を考えて，果たしてこのような税制は実現可能であろうか。さらに，例えば日本でこのような税が導入されたならば，重要な無形資産を有して日本で生産を行っていたとしても，製品の大半を輸出している企業の税負担はほとんどないことになるが，これについても疑問の声があがるであろう。現行の個人所得税についても，所得を課税ベースとすることの妥当性を含めて抜本的に見直す必要性があることも考慮すれば，中長期で考えても実現可能性はかなり低いように思われる。

---

11) OECD（2007），p.156.

4 おわりに

　本章においては経済のグローバル化と法人所得課税の改革について，いくつかの側面を取り上げて議論した。法人税改革において議論すべき論点は数多くあり，すべてを取り上げるのは困難であるが，今日の企業活動のグローバルな展開を考えると，もはや法人課税を改革する際に自国のことだけを考慮すれば足りる時代ではなくなっているのは疑いない。ホームバイアスがあるにせよ，生産拠点の海外移転は一般的に行われており，さらにまだ例が多いわけではないが，コーポレート・インバージョンのように本社自体を他国に移すようなことも起こり得る。研究開発拠点などの本社機能の一部の国外移転であれば，今日でも一般的に行われている。法人課税の改革を考える際には，企業のこうした動きにどのような影響を与える可能性があるのかを考慮しなければならない。

　さらにこうした生産活動や本社機能の移転というだけではなく，課税ベースである法人所得の国境を越えた移転についても考える必要がある。その国の法人所得税によって企業は逃げないかもしれないが，国際的なグループ間取引を通じて，課税ベースである法人所得は比較的容易にその国から逃げることが可能なのである。税務執行の国際的協調や有効な情報交換制度の確立なども含め，早急に解決すべき課題は多いが，米国で提案されている外国子会社の所得に対して即時に最低税率を設定して米国で課税するという方法が実現可能であれば，移転価格を通じた利益移転にもある程度の抑止効果を期待できるかもしれない。

　また，現行の法人所得課税がそもそも抱える諸問題も考えると，中長期的には抜本的改革について議論をさらに深めていく必要があるだろう。その際，移転価格問題の解消にも一定の効果をもつ付加価値税タイプの仕向地原則によるキャッシュフロー税が有力な選択肢たり得るのか，ないしはその他のACEやCBITの方向に向かいつつ，移転価格問題の解消のためには別の方策を考えるのかについて検討が必要であろう。

　最後に本章においては地方税についてはほとんど触れていないが，日本の法

人課税において考えなければならないのは，地方における法人課税であろう。地方税として法人課税，特に法人所得課税を置くことについては，理論的にも税収の偏在性という観点でも批判があるのはよく知られている。さらに現状の法人二税は，外国税額控除，移転価格税制などの国の税制より税収が大きく変動してしまい，グローバル化した時代における地方税としては，望ましいとは思えない。法人二税を国税に移管し，地方消費税と税源交換をするなどさまざまな議論がされているが，法人課税のなかでも地方税の割合が高い日本にとって，早急に議論を深めるべき重要な課題であるといえる。

第Ⅱ編

ローカル財政論

＝世界の中の日本の財政＝
第8章　日本の財政：国際比較
第9章　日本の地方財政・制度と課題
第10章　日本の社会保障と財政問題
　　　　―高齢者介護を中心に―

＝ローカル・イシュー＝
第11章　地域間格差拡大とその対応
第12章　地域活性化の取り組み
第13章　危機管理の課題と今後の展開

世界の中の日本の財政

第8章

日本の財政：国際比較

　グローバル化が進むなかで，財政も一国だけの問題として論じえなくなった。特に国債が他国によって多く保有されている国では，国の信用問題もからんで規律ある財政運営が求められている。日本は世界に類をみないほど公債を抱えている。このままの状況で日本は破綻しないのだろうか。この公債はいつ，だれが，どうやって返すのだろうか。公債（赤字公債）の恩恵を受けた人のほとんどは返済するときにはいない。国際比較を通して日本の財政の現状と課題をみたうえで，これからの展望を考えてみよう。

1　財政の国際比較の視点

(1)　経済社会のグローバル化と財政の役割

　ボーダーレス社会といわれるようになって久しい。第2次大戦後に国際協調の枠組みが整うと，西側諸国ではヒト・カネ・モノが国境を越えて行きかうようになった。そして20世紀も終わりを迎える1990年頃からは，東側諸国も市場化へと体制を転換し，東西のボーダーレスも実現し経済社会のグローバル化はいっそう拡大している。

グローバル化は内政である財政も巻き込んでいる。欧州連合（EU）のなかのユーロ加盟国の問題ではあるが，ギリシャから始まったソブリン危機（国家財政の粉飾決算による信用不安）は，たちまちEU諸国から世界経済を金融不安に陥れた。国債はアメリカの格付け会社（スタンダード＆プアーズやムーディーズなど）などが頻繁に勝手格付け（依頼による格付けではない）を公表しており，こうした情報も一国の財政運営が他国の経済に大きな影響を及ぼす要因となっている。

財政は基本的にはその国の内政であって，他国から干渉を受けるものではないが，内国債を外国の金融機関等が保有していれば，国債の信用不安はたちまち他国の金融市場に混乱をもたらす。国際通貨基金（IMF）や世界銀行（WB），アジア開発銀行（ADB）などの国際機関が安定化のために金融支援しても，それを凌駕するファンドが危機を餌食として動いている現状も見逃せない。国際収支が悪化した国などを支援し世界経済の安定化を図る過程で，金融財政政策などに干渉することはある。

いまや財政もグローバル化の波に飲み込まれつつある。財政の基本的な役割は，自国民の福祉の向上である。しかし，自国民の福祉は内政だけの問題ではない。EUの一部の国の財政赤字は緊縮財政を余儀なくされ，それが通貨を通して結果的に円高を招き，日本経済にも影響を及ぼしている。財政問題もグローバルで対応することが求められている。

(2) グローバル化と保護主義

財政のグローバル化が認められる一方で，基本的には財政は自国の問題を優先する。EUも財政の統合に向けて議論が進んでいるが，ギリシャでは欧州中央銀行（ECB）の金融支援条件である緊縮財政政策に反発する国民が2012年6月の総選挙で政権に"ノー"を突きつけた。これは実質的に支援する側のフランス国民も同年の大統領選でECBと協調路線をとるサルコジ大統領に"ノー"の選択を下した。グローバルよりローカルを優先する保護主義へと傾いている現れである。

財政のグローバル化は金融も含めて、各国民が参加できないところで意思決定が行われることにもなる。EUの政策決定は、各国の議会からみれば立法権が奪われて届かないところで行われることから、「民主主義の赤字」という批判がある[1]。民主主義の基本である代表制民主主義が排除されるのである。

こうしたことはEUに限らず、政策協調が進めば各国民の意思が届かないところで決定されるため、各国間のパワーバランスが決定の要因になるかもしれない。大国は自国民に有利な政策を意識して協調を迫るであろうし、小国もできるだけ有利な政策を引き出すための条件を求める。しかし、協調が難しくなれば保護主義へと向かう。世界はグローバル化へのアクセルは踏み続けつつも、他方で保護主義へも動いている。今後も財政はこの両方向のベクトルのなかで政策決定が行われるであろう。

2　日本財政の国際比較

(1) 一般政府の比較

各国の財政は、それぞれ自国の制度で運営されているため統計を比較するためには共通する枠組みが必要である。各国の財政を標準化した統計には、国際機関のIMFによる政府財政統計（GFS）などがあるが、一般的には国連が示している国民経済計算（SNA）を利用して比較する。SNAでは経済を「非金融法人企業」、「金融機関」、「一般政府」、「家計」、「対家計民間非営利団体」の5部門に分けて経済や部門間の状況をまとめているが、財政は「一般政府」のデータを用いる。

SNAの一般政府は、下記のように区分されている。一般政府（General Government）と公的企業（Public Corporation）の区分は市場性の有無で分けられ、一般政府にまとめられるのは中央政府（Central Government）、地方政府（Local

---

[1] 「民主主義の赤字」については、例えば、細井優子「欧州共同体における「民主主義の赤字」問題とその処方箋(1)代議制・討議・参加デモクラシー」法政大学『法学志林』法政大学、2006年など参照のこと。

Government）および社会保障基金（Social Security Fund）である。通常，財政の規模を比較する際は，一般政府支出の対GDP比をみることで，一国の経済規模に対する財政の大きさを比較することができる[2]）。

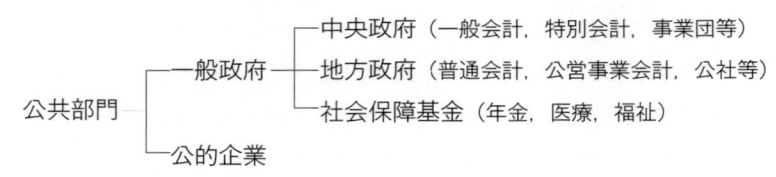

```
公共部門 ─┬─ 一般政府 ─┬─ 中央政府（一般会計，特別会計，事業団等）
         │            ├─ 地方政府（普通会計，公営事業会計，公社等）
         │            └─ 社会保障基金（年金，医療，福祉）
         └─ 公的企業
```

各国の一般政府の大きさ比較すると（第1章図表1－3を参照），2010年では日本は40.9％で最も低い。アメリカは年金・医療が基本的には政府の役割ではないので欧州諸国に比べて低いが，日本はそれよりも低い割合である。これは社会保障給付の割合が2010年で2001年から比べれば3.5％高まったがそれでも最も低く，また政府最終消費支出も低い。特に人件費が低い。またかつては日本は政府固定資本形成が高いことがいわれていたが，2001年の4.9％は2010年には3.2％になり，欧州とほぼ同じ割合まで低下している。これらのことから，日本の財政の大きさは，欧州ほど大きくはないが2001年からみても徐々に大きくなっている。逆にスウェーデンのような大きな国は社会保障支出の比率は低下している。

次に，一般政府に係る国民負担の状況を比較してみよう。対GDP比の国民負担率（租税負担率＋社会保障負担率）をみると（**図表8－1**），日本の国民負担率は，租税負担率の22.7％と社会保障負担率の17.1％を合わせて39.9％となっている。同じ社会保障制度をもつ欧州と比べるかなり低い。しかし，財政赤字を含めた潜在的な国民負担率を求めると，日本は51.2％と約10％も負担率が高くなる。確かに日本は消費税などの税負担が欧州に比べて低く，これを赤字公債で賄っている。赤字公債は将来世代の負担であり，この分も含めて国民負担は捉える必要がある。また租税負担と社会保障負担の割合の違いは，イギリスとスウェーデンは医療は保険料負担ではなく租税負担で行っているのでその分

2）ただしここには債務償還費や財政投融資等の支出は含まれていない。

第8章 日本の財政：国際比較

図表8-1 国民負担率の国際比較

[国民負担率＝租税負担率＋社会保障負担率] [潜在的な国民負担率＝国民負担率＋財政赤字対国民所得比]
(国民所得比：%)

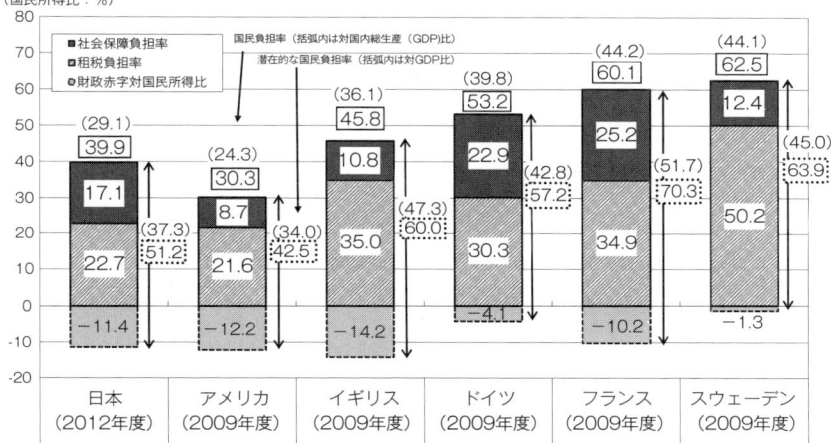

	日本(2012年度)	アメリカ(2009年度)	イギリス(2009年度)	ドイツ(2009年度)	フランス(2009年度)	スウェーデン(2009年度)
社会保障負担率	17.1	8.7	10.8	22.9	25.2	12.4
租税負担率	22.7	21.6	35.0	30.3	34.9	50.2
国民負担率	39.9 (29.1)	30.3 (24.3)	45.8 (36.1)	53.2 (39.8)	60.1 (44.2)	62.5 (44.1)
財政赤字対国民所得比	−11.4	−12.2	−14.2	−4.1	−10.2	−1.3
潜在的な国民負担率	51.2 (37.3)	42.5 (34.0)	60.0 (47.3)	57.2 (42.8)	70.3 (51.7)	63.9 (45.0)

（注）1．日本は2012年度（平成24年度）見通し。諸外国は2009年実績。
2．財政赤字の国民所得比は，日本及びアメリカについては一般政府から社会保障基金を除いたベース，その他の国は一般政府ベースである。

【諸外国出典】"National Accounts"（OECD），"Revenue Statistics"（OECD）等

出所：財務省資料

が高くなっており，スウェーデンはさらに福祉も租税負担である。

　財政の運営主体は，中央政府（国）と地方政府（地方）に分けられる。国と地方はさらに，主権を双方で分担している連邦国家と国に集中している単一国家に分けられる。連邦国家では国防や外交などを除いて基本的な行政サービスは地方に権限があり，単一国家は国に権限と財源が集中している傾向にある。

　連邦国家であるアメリカ，カナダ，ドイツの一般政府支出の国・地方の割合をみると（図表8-2），それぞれ地方支出が61%，84%，83%と国よりも多くを占めている。これに対して単一国家のイギリス，フランス，スウェーデン，日本は，イギリスとフランスは国の割合が60%と54%と過半を占めているが，スウェーデンと日本は29%と26%で地方支出の割合の方が圧倒的に多い。これは国が主権と財源をもっていても，補助金を通して地方で支出が行われる場合には連邦国家のように地方支出が多くなる。日本の場合にも，政策決定は国が

第Ⅱ編　ローカル財政論

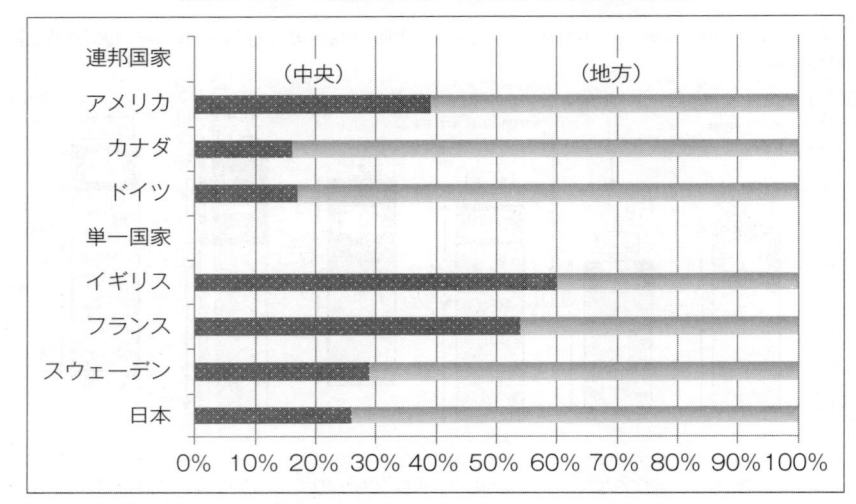

図表8−2　一般政府中央・地方支出割合の国際比較

注：一般政府支出のうち社会保障基金は除いてある。
出所：財務省資料より作成。

行い支出は国からの財源移転（地方交付税，国庫支出金）をとおして地方が実施しているケースが多い。地方分権改革では，支出を決定する政府と支出を実施する政府を同じ地方に移すことが求められた。

(2) 地方行政制度の比較

地方政府（地方公共団体，地方自治体，地方団体などの呼称もある）は，複数の政府から構成されている。その数はその国の歴史的な経緯や政策の影響を受けてさまざまであるが，1980年頃から公共経営論（New Public Management：NPM）に基づく行財政改革で地方分権化が進められてきたのに伴い，地方政府の再編が行われてきた。日本も1999年の地方分権一括法の制定とともに，市町村の合併推進が行われ，3千を超えていた地方政府は2010年には半数近い1千7百台へと減少した。またイギリスは地方政府の一層制化（広域政府と基礎的政府の一本化）の改革に取り組み，大都市圏では広域政府（カウンティ）が廃止され基礎的政府（ディストリクト）のみとなった。しかしアメリカやフランスなどでは，

NPMの行財政改革は進められたが地方政府の数の減少はみられなかった。

各国の地方政府の構造と数をみると（**図表8-3**），連邦国家では，アメリカは50の州（State）政府の下に各州の憲法で規定されたカウンティ，シティ，タウン，スペシャルディストリクト（特別区）など9万団体近くがある。またドイツは16の州（Land）政府の下に412の郡（Kreis）政府とさらにその下に1万3千近くの市町村（Gemeinde）政府がある。

単一国家では，イギリス（イングランド）は以前は広域政府のカウンティと基礎的政府のディストリクトの二層制であったが，一層制化への改革で六つの大都市圏ではディストリクトのみとなり，また地方圏は一部が一層制の

図表8-3　地方政府の構造と数の国際比較

単一国家	日本		イギリス（イングランド）		フランス（3層制）		スウェーデン	
広域政府	都道府県	47	（ロンドン） 　ロンドン議会 （大都市圏） 　なし （地方圏） 　カウンティ	1 34	リージョン デパルトマン （パリ市） 海外デパルトマン	26 100	ランスティング	21
基礎的政府	市区町村 　市 　特別区 　町 　村 （2012.3現在）	1,742 787 23 748 184	（ロンドン） 　特別区（含シティ） （大都市圏） 　ディストリクト （地方圏） 　ディストリクト 　ユニタリー 　パリッシュ 　（約10,000）	33 36 238 46	コミューン	36,682	コミューン	290
合計		1,789		388		36,808		311

連邦国家	アメリカ		ドイツ		カナダ	
広域政府	州 State	50	州（Land） ベルリン都市州	15 1	州（Province） 準州（Territory）	10 3
基礎的政府	カウンティ ムニシパリティ （市町村） スペシャル・ディストリクト（特別区） 計	 89,476	郡（Kreis） 市町村 （Gemeinde）	412 12,993	カウンティ，シティ，タウンなど 計	 4,066
合計		89,526		13,405		4,079

ユニタリーの政府のみとなったが，その他は以前と同じ二層制で混在している。地方政府の数はイングランドで400弱である。フランスは広域政府のリージョン（Region）とその下にデパルトマン（Departement）とさらにその下にコミューン（Commune）の三層制であり，コミューンは3万6千を超えている。スウェーデンは広域政府のランスティング（Lansting）と基礎的政府のコミューン（Kommune）の二層制であり，合計で約300である。日本も広域政府の都道府県と基礎的政府の市区町村からなる二層制であり，数は1,800近くになる。

地方政府の構造は，以上みたように広域と基礎の二層制が多いが，その数は大小さまざまである。これは地方政府の機能にかかわり，アメリカの特別区は一つの事務権限であり住民の要望で設置できるため数が8万にも達している。またフランスのコミューンも3万を超えるが，これも限られた権限であるが住民の意思により合併せずに維持されてきた。

(3) 政府間財政制度の比較

地方政府の財政運営は，地方政府間で税源が偏在するため財政力に格差が生じ，また社会的・地理的条件で行政コストに差が生じるため，国と地方あるいは地方間でこうした格差を埋めるための財政調整が必要となる。各国の財政調整は，国と地方あるいは地方間で種々の制度が設けられている（アメリカの連邦政府と州政府の間にはない）。

財政調整制度は，国と地方の間の財政調整を垂直的調整，地方間を水平的調整と呼ぶ。また調整する方法には，財政需要と財政収入を測定する方式がある。これらの区分で各国をみると（**図表8-4**），垂直的調整制度があるのはドイツ，フランス，カナダ，イギリス，日本などであり，水平的調整制度はドイツの州間とスウェーデンの広域政府ランスティングの2カ国である。また調整する方式に関しては，財政収入の測定では税収格差を是正するのがドイツ，フランス，カナダであり，財政収入と財政需要の測定ルールを定め両者の格差を調整するのがイギリス，日本，スウェーデンである。

第8章　日本の財政：国際比較

図表8－4　財政調整制度の各国分類

	調整方式		
	財政収入のみ	人口基準	財政収入・財政需要両方
国から地方への垂直的調整	ドイツ フランス カナダ	イギリス （事業用レイト） スウェーデン	イギリス（歳入援助交付金） 日本（地方交付税）
地方間の水平的調整	ドイツ（州間）	ドイツ（州間）	スウェーデン （ランスティング間）

　財政調整は一般的には国と地方の税源配分と最終支出のギャップを調整するものであるが，地方間の格差が大きい場合には，地方間での調整も行われている。しかし，地方政府間で地方税を基準として調整すると，地方税は地方政府の権限で徴収されるもので他の政府に格差を理由に移転するのは原理的に問題が指摘される[3]。調整する方式については，より地方の財政状況を勘案するのであれば，財政収入と需要の双方を斟酌して調整すべきであろうが，制度が複雑になり一般的には税収の格差の財政収入を調整する制度が多い。

3　日本財政の現状と課題

(1)　借金大国日本財政の現状

　日本の財政運営は，1974年に戦後初のマイナス成長を経験して1975年度の予算から赤字国債の発行が始まり，バブル経済に支えられた1990年度から4年間を除く今日まで，まさに赤字国債に依存した財政運営が行われてきた。その結果，2011年度末には赤字国債の416兆円を含めて国債残高は703兆円にも達し，対GDP比で144％となった。また地方債残高200兆円を加えると対GDP比で192％となる。外国でも平時には経験がないほどの借金を抱えてしまった。
　なぜこれほどの借金を抱えたのであろうか。公債の発行については，国は財

---

[3]　ドイツでは州税の移転について憲法裁判も起こされている。またスウェーデンでも同様。

政法第4条に「国の歳出は，公債又は借入金以外の歳入を以て，その財源としなければならない。」と述べられ，公債の発行を禁止している。しかし同条には続けて，「但し，公共事業費，出資金および貸付金の財源については，国会の議決を経た金額の範囲内で，公債を発行し又は借入金をなすことができる」と規定し，いわゆる建設公債の発行を認めている。これは，公債を道路や庁舎など投資的支出の財源とするなら，それらから受ける便益が公債の返済期間に対応することが期待され，世代間で公平な受益と負担が確保されるので認めている。これに対して，赤字公債は経常的支出の財源であり，その年度の便益しか得られない。以降は負担のみが残り不公平となる。それゆえ赤字公債は禁止される。しかし，法律を制定して発行を認めれば可能であるため，毎年度にわたって特例法を制定して発行を続けているのである。建設公債の考え方は地方債も同じである（地方財政法第5条）。

こうした法規定にもかかわらず，赤字公債の発行を続けているのは，政治による決定にほかならない。赤字公債を発行しないのであれば，歳出の削減か増税の選択しかない。1990年代からバブル経済崩壊により税収は落ち込んできたのに対し，歳出は高齢化の進展で社会保障費が増加してきた。このギャップを赤字公債で補てんしてきた結果が現在の残高である。いつの政権も景気回復策を優先し，増税はその後に先送りしてきた。

(2) 日本財政は破綻しないのか

政府が借金を抱えて破綻することはないのであろうか。2006年6月に当時の夕張市長が議会で「地方財政再建促進特別措置法」の適用を申請すると公表して，"夕張市破綻"が明らかとなった。粉飾まがいの決算を続け，ついに外郭団体等の借入金の返済が行き詰まったのである。地方政府の破綻を規定した法律はその後2007年に「地方公共団体の財政の健全化に関する法律」として整備されている。地方政府はいくら借金を抱えても，法律により救済が行われる。

政府の破綻に関する法律は，アメリカで連邦破産法第9条の規定があるが，これも救済のための債務調整の規定である。政府が民間と異なり破綻しないの

は，最終的には課税権を有しているため返済が可能だからである。日本政府のバランスシートは大幅な債務超過である。それでも破綻はしない。ではこのまま巨額の財政赤字を赤字公債で賄う財政運営を続けていったとき，ギリシャのように国債の下落（利率の上昇）を招かないのだろうか。一般的には楽観的である。そうならない理由としてあげられるのが，日本国債はほとんどが国内で消化されているためそのようなリスクは非常に低いと説明される（図表2－3参照）。果たしてそうであろうか。

　これまでその説明の根拠とされてきたのが，日本の貯蓄率の高さと家計の金融資産の多さであった。ところが最近の高齢化と景気低迷で状況が変わり始めている。一般政府の総債務を家計金融純資産で割った値をみると（**図表8－5**），日本は91.4％で主要先進国のなかでは高い。かつては金融資産は1,400兆円を超えていたが，年々減少してきた。また貯蓄率も14％を超えていたがいまや4％台にまで低下した。今後も高齢化は確実に進むため，公債発行を続ければこの

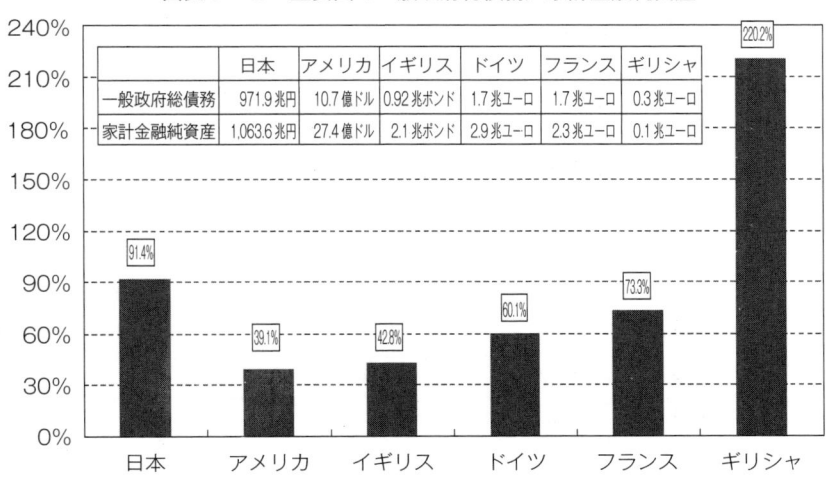

図表8－5　主要国の一般政府総債務／家計金融純資産

	日本	アメリカ	イギリス	ドイツ	フランス	ギリシャ
一般政府総債務	971.9兆円	10.7億ドル	0.92兆ポンド	1.7兆ユーロ	1.7兆ユーロ	0.3兆ユーロ
家計金融純資産	1,063.6兆円	27.4億ドル	2.1兆ポンド	2.9兆ユーロ	2.3兆ユーロ	0.1兆ユーロ

- 日本：91.4％
- アメリカ：39.1％
- イギリス：42.8％
- ドイツ：60.1％
- フランス：73.3％
- ギリシャ：220.2％

（注）　家計金融純資産は家計金融総資産から家計の総負債を控除した値。
　　　　元データは OECD "National Accounts"
出所：財務省資料

率はさらに悪化し，ギリシャに近づくことは間違いない。また日本国債を海外の投資家等が購入に動いているとの情報もある。ギリシャ問題は対岸の火事ではない日が来るかもしれない。

(3) 政策決定の遅さに危機が忍び寄っている

　日本経済は，2008年9月にリーマンショック，2011年3月に東日本大震災など内外の試練に直面しながらも難局を乗り越え，復旧・復興を進めてきた。国際社会も日本の復旧に支援を惜しまず，また整然とした日本国民の復旧作業に賞賛のエールを送ってくれた。

　しかし財政は厳しい状況に追い込まれている。日本国債は格付け会社が再三にわたってレートを引き下げた。2012年5月には，フィッチがAからA－へと1段階引き下げ，ついに中国国債よりランクが下がった。確かに日本の国債残高は対GDP比で200％にも及ぶ巨額の残高を抱え，歴史的にも例がないほど悪化している。厳しい評価を受けてもやむをえないところもあるが，格下げの理由は残高の多さばかりではない。フィッチの格下げ理由は，政策決定の遅さを

図表8－6　国債の格付け（2012年5月末時点）

	S&P*	ムーディーズ	フィッチ
アメリカ	AA+	Aaa	AAA
ドイツ	AAA	Aaa	AAA
イギリス	AAA	Aaa	AAA
フランス	AA+	Aaa	AAA
日　　本	AA－	Aa 3	A－
中　　国	AA－	Aa 3	A
韓　　国	A	A 1	A+
ギリシャ	CCC	Caa 2	CCC
イタリア	Baa 1	A 3	A－
スペイン	A－	A 3	A

　＊　S&P：スタンダード&プアーズ

指摘している。政府はいくら借金しても民間企業とは異なり破綻はしないが，健全な財政運営のためには，一時的な財政赤字は容認できても中長期的には収支均衡を確保していなければならない。なぜなら，財政赤字は将来世代に負担を先送りすることを意味し，世代間の不公平をもたらすからである。

ところが政権はこれまで，バブル経済崩壊後は景気対策を優先し，収支均衡は景気回復後に先送りしてきた。しかし景気対策の効果は現れず，それどころか予測を超えるスピードで膨れる社会保障費で収支バランスは悪化する一方である。

(4) 財政健全化に向けた政治決断を

2010年8月の衆議院選挙で民主党が歴史的な勝利を収めたことは記憶に新しい。国民は，民主党マニフェストに掲げられた，増税しなくても16兆円あまりのムダを削ることでこれまで以上のサービスが受けられます，とした公約を信じて投票した。しかし結果は見事に裏切られた。

マニフェストは確かに選挙公約であるので守るべきことではあるが，経済社会情勢が変われば状況に応じて適切に変更することもあり得る。イギリスでも変更はいくらでも行われている。問題は十分な説明がないまま首相が交代し，党の混乱が国民の不信を招いたことである。政治のリーダーシップが全くみられない。

イギリスでかつて行財政改革を断行したサッチャー首相は"鉄の宰相"と言われた。これは首相に権限が集中し，首相の任期中はだれも辞めさせることができないため国民に不人気な政策も断行できるからである。2010年5月に政権についたキャメロン首相も財政再建のために，2011年1月から消費税率を2.5%引き上げて20%にした。国立大学の授業料も2012年度から3倍まで引き上げられるように改革した。もちろん支持率は下がり，学生のデモも起きたが断行した。

イギリスでは首相の任期は5年，党首の任期はないのでその間に解散しなければ首相の座に居座り続けられる。行革はこうした政治の強いリーダーシップとそれを支える仕組みがなければなしえない。ところが日本では首相の任期は

ないが党首は民主党が2年，自民党が3年と決められている。内閣支持率が下がれば党首選で引きずりおろされるため，首相はたえず支持率を睨みながら政策決定をせざるをえない。また低い投票率のなかで投票するのは高齢者が多いため政策もそこをターゲットにしたものに偏らざるをえない。

　こうした状況では，将来も見据えた国民全体のための政策など打ち出せるはずがない。政治はこの状況を早急に認識して，政策決定をすべきである。日本は嵐のなかで難破している。The most safety ship in the storm is a leadership! である。今後の日本の安定した航海のためにも，新たなリーダーシップに期待したい。

世界の中の日本の財政

第9章

日本の地方財政・制度と課題

> 本章は，日本の地方自治体の行財政について概観する。2012年1月現在，日本には47の都道府県と1,719の市町村がある。日本の地方財政は近年，大きな制度改革と地域経済の困難とに直面してきた。さらに，2011年3月に発生した東日本大震災の影響により，被災自治体の復旧復興が急がれるところである。

1 日本の地方制度

(1) 地方自治体の種類と事務

　法令上，都道府県と市町村は普通地方公共団体，東京都の特別区，地方公共団体の組合，財産区は特別地方公共団体と呼ばれるが，通常は地方自治体や自治体，地方団体，地方政府などでも表している。地方自治体は，一定の権限をもってその地域の行政を担当している。都道府県はまた広域自治体と呼ばれ，市町村を包括する自治体として国と市町村との連絡調整事務や市町村では処理できない事務を主な業務としている。一方，市町村は基礎自治体と呼ばれ，住民生活に直結する広範なサービスを提供することをその業務としている。**図表9-1**は都道府県と市町村の事務配分をみたものである。

　市・町・村の別は人口の大きさを基本としたいくつかの要件によって定めら

図表9-1　都道府県と市町村の事務配分

	公共資本	教　育	福　祉	その他
都道府県	国道 都道府県道 一級河川(指定区間) 二級河川 港湾 公営住宅 市街化区域・調整区域決定	高等学校，特殊教育校 小・中学校教員の給与・人事 私学助成 （幼稚園～高校） 大学（都道府県立）	生活保護（町村） 児童福祉 保健所	警察 職業訓練
市町村	都市計画 （用途地域，都市施設） 市町村道 準用河川 港湾 公営住宅 下水道	小・中学校 幼稚園 大学（市立）	生活保護（市） 児童福祉 国民健康保険 介護保険 上水道 ごみ・し尿処理 保健所（特定の市）	戸籍 住民基本台帳 消防

出所：総務省資料より作成

れており，市となるためには，人口が5万人以上であること，全人口の6割以上が商工業に従事する者の世帯に属することなどが要件とされている。市のなかには，政令指定都市，中核市，特例市と呼ばれるものがある。政令指定都市とは，人口50万人以上で政令において指定されるものを，中核市とは人口30万人以上（50万人未満の場合には面積が100平方キロメートル以上の場合のみ）の市のうち政令において指定されるものを，特例市は人口20万人以上の市のうち政令において指定されるものをいう。これらの市には社会保障や保健衛生などの分野を中心に通常の市より大きな権限が与えられる。政令指定都市となれば都道府県とほぼ同様の事務権限が与えられることになる[1]。

また，地方自治法において地方自治体の事務は，法定受託事務と自治事務に区分されている。法定受託事務とは，本来国が果たすべき任務であるが，法律や政令によって都道府県や市町村が処理するように定められている事務のこと

---

1)　警察，学級編制，教職員定数の決定，一級河川の管理については政令指定都市区域においても都道府県が処理する事務とされている。

をいい，自治事務とは，法定受託事務以外のものをいう。つまり自治事務とは，地方自治体が本来果たすべきとされるものであって，その地方自治体に固有の事務であるといえる。なお，地方自治法上は，都道府県や市町村を普通地方公共団体とし，特別区（東京都の23区），地方開発事業団などを特別地方公共団体と定めている。

(2) 地方自治体の予算と決算

　予算とは一会計年度の収入と支出を見積った計画書であり，政策を金額で表示したものである。日本において地方自治体の予算の提案権は，首長に専属し，自治体議会の議員には認められていない。このため予算は首長が議会に提出して審議を受け，議決されて成立することになる。ただし，議会の議決を経ないで予算が成立する例外的な取り扱いとして，専決処分，原案執行などがある。これらの例外的取り扱いは，緊急を要するため議会を招集する時間的余裕がない場合や，法令により負担する経費などの義務的経費を議会の議決によって削減された場合への対応として認められるものである。予算の種類としては，会計開始前に議決を経て成立する「当初予算」，当初予算成立後の事情により変更を加える「補正予算」，当初予算が年度開始前に成立しない場合のつなぎとしての「暫定予算」がある。

　予算を会計別にみると，一般会計予算と特別会計予算に分けられる。「一般会計」とは，主として税金で賄う一般行政活動を経理する会計であり，「特別会計」とは，料金等で経営する事業活動を経理する会計である。「特別会計」のなかには，水道事業や病院事業（公営企業），国民健康保険事業など法令で設置が義務付けられている事業の会計ほか，母子福祉事業など特別会計の設置が任意の事業の会計がある。このため「特別会計」の会計区分が地方自治体によって異なるため，自治体相互間の比較などには法令で設置が義務付けられている特別会計を「公営事業会計」としてまとめ，それ以外の「特別会計」は「一般会計」と合わせて「普通会計」として会計を組み直すことが行われる。この組み直したものを決算統計という。

図表9-2　自治体の会計区分

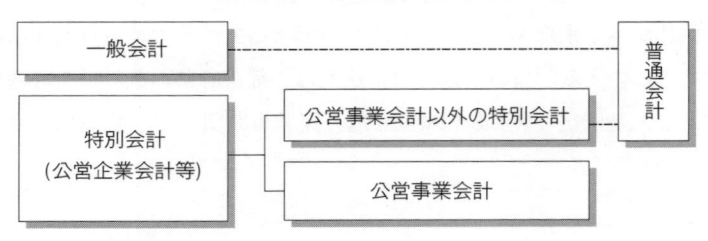

```
┌──────────────┐
│   一般会計    │────────────────────────────┐
└──────────────┘                            │
┌──────────────┐  ┌──────────────────────┐  │ 普
│   特別会計    │──│ 公営事業会計以外の特別会計 │──│ 通
│(公営企業会計等)│  └──────────────────────┘  │ 会
│              │  ┌──────────────────────┐  │ 計
│              │──│      公営事業会計       │  │
└──────────────┘  └──────────────────────┘  └─
```

出所：筆者作成

　一般会計と特別会計の予算は執行後，会計年度終了後に出納整理期間を経て決算としてまとめられる[2]。決算は監査委員の監査を経て議会の認定を受けて，予算が終了することになる。**図表9-2**は会計区分を図示したものである。決算統計は，地方財政状況調査表や決算状況（決算カード）として，毎年総務省に提出されることになっている。

2　地方財政の構造

(1)　国と地方の財政関係

　財政には，①資源配分，②所得再分配，③経済安定化の3つの役割があり，地方自治体は，3つのうち①資源配分の役割を主に担うべきとされている[3]。**図表9-3，4**は，国と地方の役割をそれぞれの支出割合でみたものである。

図表9-3　国と地方の歳出規模（平成21年度決算）

区　分	平成21年度	構成比
国と地方の歳出純計額	166兆1,030億円	100.0%
国の歳出	71兆2,801億円	42.9%
地方の歳出	94兆8,228億円	57.1%

---

2)　出納整理期間とは，年度経過後に未収や未払い等の収支を整理する期間であり，会計年度終了後，翌年度5月31日までの2か月の期間をいう。（横山他（2009））

3)　所得再分配や経済安定化を自治体単位で行った結果，自分の住んでいる自治体を離れ，近隣の福祉政策が充実している自治体に住民が移り住む可能性がある。こうした現象のことを福祉移住という。

図表9-4　国内総支出に占める政府部門の割合（平成21年度決算）

区　分	平成21年度	構成比	
		（国内総支出＝100）	（政府部門＝100）
国内総支出（名目）	474兆　402億円	100.0%	－
民間部門	353兆6,652億円	74.6%	－
政府部門	116兆3,468億円	24.5%	100.0%
中央政府	21兆8,656億円	4.6%	18.8%
地方政府	57兆　612億円	12.0%	49.0%
社会保障基金	37兆4,200億円	7.9%	32.2%
財貨・サービスの純輸出	4兆　281億円	0.8%	－

出所：総務省資料

図表9-5は，国と地方の財政関係（平成21年度現在）を図示したものである。租税総額は74.9兆円であるが，国と地方自治体の歳出総額はそれを大きく上回る166.1兆円となっており，借金に頼った財政運営がなされていることがわかる。租税収入の構成をみると，国税が52.8％，地方税が47.2％と国の方が大き

図表9-5　国と地方の財源配分（平成21年度）

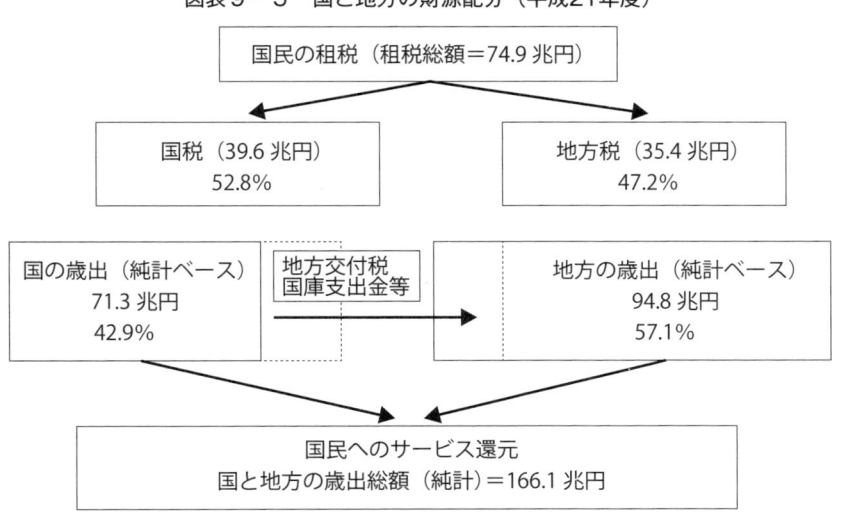

```
        国民の租税（租税総額＝74.9兆円）
           ↙              ↘
   国税（39.6兆円）      地方税（35.4兆円）
      52.8％              47.2％

 国の歳出（純計ベース）  地方交付税   地方の歳出（純計ベース）
    71.3兆円           国庫支出金等      94.8兆円
    42.9％              ──→           57.1％
           ↘              ↙
        国民へのサービス還元
     国と地方の歳出総額（純計）＝166.1兆円
```

出所：総務省資料

い割合を占めるのに対し，歳出の構成比率は国が42.9％，地方自治体が57.1％と地方自治体の歳出が国を上回っている。こうした国と地方自治体の間の税収と歳出のギャップを埋めるのが国から地方への財政移転である。財政移転には，「地方交付税」や「国庫支出金」といったものがある。「地方交付税」と「国庫支出金」の詳細については後述する。

(2) 地方歳出

① 目的別歳出

目的別歳出とは，地方自治体の経費をその行政目的別に分類するもので，地方自治体の政策や施策の重点を知るのに有用な分け方となっている。この分類によると経費は主に，議会費，総務費，民生費，衛生費，労働費，農林水産業費，商工費，土木費，消防費，警察費，教育費，公債費に分けられる。**図表9－6**は各経費の内容と平成21年度歳出額を示したものである。

図表9－6　目的別歳出の内容と歳出額（平成21年度）

主な経費科目	内容	21年度決算額（兆円）
議会費	地方議員の報酬・手当，議会運営費，事務局経費等	0.4
総務費	地方税の課税と徴収，住民登録，人事など一般管理的経費	10.7
民生費	老人，児童，障害者への福祉サービス，生活保護等の経費	19.7
衛生費	医療，公衆衛生，し尿・ごみの収集処理，環境保全等の経費	5.9
労働費	失業対策事業や職業訓練等の経費	0.9
農林水産業費	農地の整備，消費流通対策，農林漁業の技術開発等の経費	3.5
商工費	中小企業の指導育成，企業誘致等の経費	6.5
土木費	道路，河川，住宅，公園などの公共施設の建設と維持管理	13.2
消防費	消防関連の経費	1.8
警察費	警察関連の経費	3.3
教育費	学校教育，社会教育に関連する経費	16.4
公債費	地方債の発行，利払い，償還の経費	12.8
歳出総額（上記経費科目以外の災害復旧等を含む）		96.1

出所：総務省資料より作成

第9章 日本の地方財政・制度と課題

② 性質別歳出

性質別歳出とは、地方自治体の経費を経済的性質によって分類するもので、財務管理の立場から財政運営の健全性や財政構造の弾力性を知るのに有用な分け方となっている。この分類によると経費は主に義務的経費と投資的経費に大別される。義務的経費とは、地方自治体が任意に削減できない歳出のことであり、人件費、扶助費、公債費がこれにあたる。投資的経費とは、道路、橋りょう、学校、庁舎等、社会資本の整備に関する歳出のことであり、普通建設事業費、災害復旧事業費、失業対策事業費からなっている。また、その他の経費として、旅費や交際費、委託料が含まれる物件費や、庁舎、小中学校等の維持管理費である維持補修費、他の自治体や法人等への支出である補助費等、特定の支出目的のために積み立てる積立金などがある。図表9－7は各経費の内容と平成21年度歳出額を示したものである。

図表9－7　性質別歳出の内容と歳出額（平成21年度）

主な経費科目		内　　容	21年度決算額（兆円）
義務的経費			
	人件費	一般職員の給与、議員の報酬等	23.9
	扶助費	生活扶助、教育扶助、住宅扶助等の被扶助者に対する支出額	9.0
	公債費	地方債の元利償還金及び一時借入金の利子	12.8
投資的経費			
	普通建設事業費	道路、橋りょう、学校、庁舎等、公共施設の新増設等の経費	14.3
	補助事業費	国から資金の提供を受けて実施する事業	5.8
	単独事業費	国からの補助等を受けず、独自の経費で任意に実施する事業	7.2
	国直轄事業	国が行う事業の経費の一部を地方自治体が負担する事業	1.2
	災害復旧事業費	暴風、防水、地震等の災害によって被災した施設の普及経費	0.1
	失業対策事業費	失業者救済事業に要する経費	27(億円)
その他の経費		物件費、維持補修費、補助費等、積立金など	36.0
		歳出総額	96.1

出所：総務省資料より作成

また、義務的経費を含む自治体の経常的な経費に充当された財源を経常的な一般財源（地方税＋普通交付税など）で割った値を経常収支比率といい、この比率が高いほど、弾力的な財政運営が難しくなる。都道府県では80％、市町村では75％を上回らないことが望ましいとされる。なお、平成21年度の経常収支比率は、都道府県平均で95.9％、市町村平均で91.8％となっている[4]。

(3) 地方歳入
① 地方税

図表9－8は、地方歳入の構成を表したものである。地方税収のほかに、地方交付税や国庫支出金、地方債の比率が高いことがわかる。

図表9－8　地方歳入の構成（平成21年度）　（単位：億円）

地方税	地方交付税	国庫支出金	地方債	その他
351,830	158,202	167,653	123,960	182,012
(35.8%)	(16.0%)	(17.0%)	(12.6%)	(18.6%)

出所：総務省資料より作成

地方税は、道府県が徴収する「道府県税」と市町村が徴収する「市町村税」に分けられる[5]。図表9－9は「道府県税」と「市町村税」の収入状況を示したものである。税収割合をみると「道府県税」では、道府県民税や事業税の割合が高く、「市町村税」では、市町村民税や固定資産税の割合が高いことがわかる。道府県民税と市町村民税を総称して住民税と呼び、自治体内に住居を有する個人や法人が納税の義務を負う。地方税の一部は、地方自治体が条例で税率を変更できることになっており、その際に基本となる税率のことを標準税率という（個人住民税の場合、道府県民税が4％、市町村民税が6％）。税率変更が認められるケースのなかには上限として制限税率が設定されていることがある。なお、個人住民税はかつて制限税率が設けられていたが現在は撤廃されており、

---

4)　総務省「地方財政の状況の概要（平成23年度版）」p.11。
5)　東京都及び特別区が課税する税金については、特別の制度が採用されている。例えば、市町村税である固定資産税・都市計画税などは東京都が徴収している。

第9章　日本の地方財政・制度と課題

図表9-9　地方税の収入状況（平成21年度）

道府県税

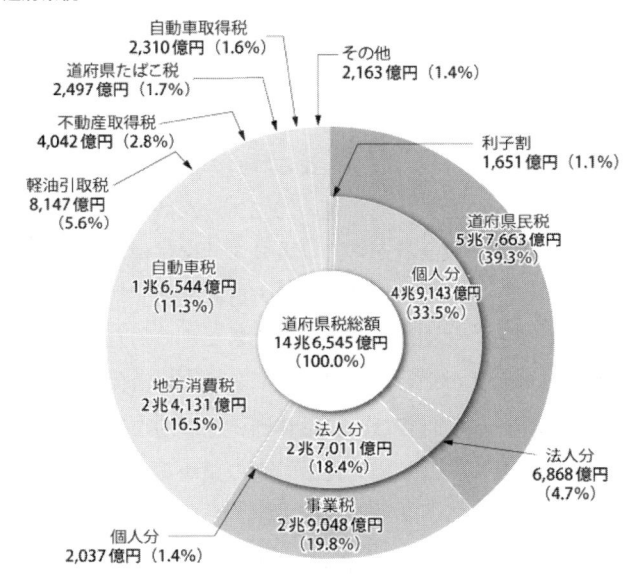

- 自動車取得税　2,310億円（1.6%）
- その他　2,163億円（1.4%）
- 道府県たばこ税　2,497億円（1.7%）
- 不動産取得税　4,042億円（2.8%）
- 軽油引取税　8,147億円（5.6%）
- 利子割　1,651億円（1.1%）
- 自動車税　1兆6,544億円（11.3%）
- 道府県民税　5兆7,663億円（39.3%）
  - 個人分　4兆9,143億円（33.5%）
  - 法人分　6,868億円（4.7%）
- 地方消費税　2兆4,131億円（16.5%）
- 事業税　2兆9,048億円（19.8%）
  - 法人分　2兆7,011億円（18.4%）
  - 個人分　2,037億円（1.4%）
- 道府県税総額　14兆6,545億円（100.0%）

市町村税

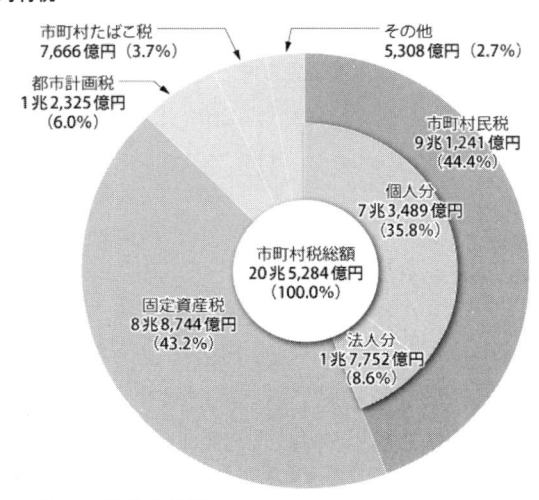

- 市町村たばこ税　7,666億円（3.7%）
- その他　5,308億円（2.7%）
- 都市計画税　1兆2,325億円（6.0%）
- 市町村民税　9兆1,241億円（44.4%）
  - 個人分　7兆3,489億円（35.8%）
  - 法人分　1兆7,752億円（8.6%）
- 固定資産税　8兆8,744億円（43.2%）
- 市町村税総額　20兆5,284億円（100.0%）

出所：総務省資料

地方自治体が自由に税率を変更できることになっている。

② 地方交付税

地方交付税とは，地域間の財源の不均衡を調整し，すべての自治体が標準的な行政サービスを提供できるよう特定の国税の一定割合を地方自治体に交付する交付金である。地方交付税の財源となる特定の国税の一定割合とは，法人税の34％，所得税，酒税の32％，消費税の29.5％，たばこ税の25％とされている。これらの資金は，国の一般会計から，ひとまず「交付税及び譲与税配付金特別会計」に移され，総務省が交付総額を「地方財政計画」によって決定した後，国税5税分では財源として交付総額に不足するようであれば，一般会計からの特例加算などの措置によってこれを補って，各地方自治体に交付されることになる。各地方自治体への交付額は，自治体別に標準的な行政サービスに必要な経費を「基準財政需要額」として算定し，この額から普通地方税の75％に地方譲与税等を加えた額である「基準財政収入額」を差し引いて求められる。また，

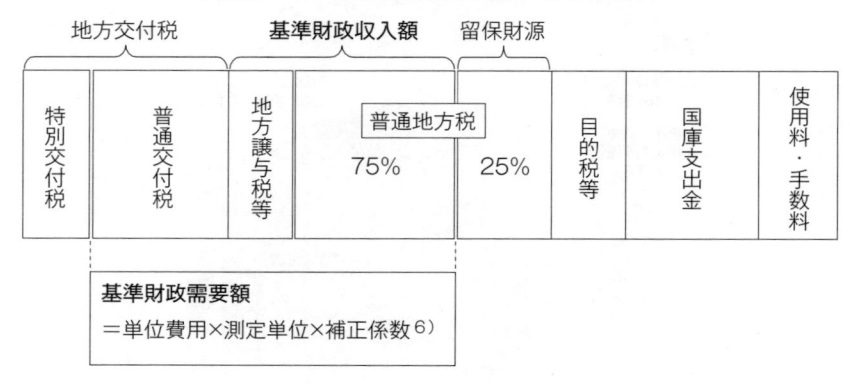

図表9－10　地方交付税の仕組み（交付団体）

地方交付税		基準財政収入額		留保財源			
特別交付税	普通交付税	地方譲与税等	普通地方税 75％	25％	目的税等	国庫支出金	使用料・手数料

基準財政需要額
＝単位費用×測定単位×補正係数6)

出所：筆者作成

---

6) 「測定単位」とは，行政項目に係る財政需要の多寡を反映する「尺度」であり，「単位費用」とは，「測定単位」の単価として設けられるものである。各自治体のおかれている自然的・社会的条件の差を調整するために「測定単位」の割増し・割落としに用いる乗率のことを「補正係数」という。

交付総額の94％が自治体ごとの財源不足に応じて交付されるのが普通交付税であり，残りの6％は，特別の財政需要が生じた自治体に対して交付される特別交付税となる。

また，「基準財政収入額」を「基準財政需要額」で割った値の過去3年間の平均値を財政力指数といい，財政力指数が1を超える地方自治体は，地方交付税の交付がない不交付団体となる。

図表9-10は地方交付税の仕組みを図示したものである。

③ 国庫支出金

国庫支出金は，地方自治体の経費の一部を国が負担する義務がある場合に交付される「国庫負担金」，本来国が行うべき事務を国から委託されて地方自治体が行う場合に交付される「国庫委託金」，国が特定の施策の実施を奨励することを目的とし，または一定の財政援助を目的として交付される「国庫補助金」に区分される。「国庫負担金」には，義務教育費国庫負担金（国の負担割合1／3），生活保護費国庫負担金（3／4），公共事業費国庫負担金（概ね1／2），災害救助事業費国庫負担金（概ね1／2）などがある。「国庫委託金」は，外国人登録や国政選挙，統計調査などを行った場合に要した経費の全額が国から各委託費として交付される。「国庫補助金」には，都道府県警察費補助金，介護保険事業費補助金などがある。

使途を指定せずに交付する補助金を一般補助金，使途を指定して交付する補助金を特定補助金という。前述の地方交付税は一般補助金，国庫支出金は特定補助金としてみなされる。特定補助金には，地方自治体が単独では実施できない事業の実施を可能にする一方で，地方自治体が自由に行政サービスの内容を決定する機会を制限するという側面がある。さらに，しばしば「ひも付き補助金」と呼ばれるように，交付を通じて各府省の地方自治体に対する権限を強めるため，国にとっては地方自治体をコントロールする有用な手段になりかねない。この意味において，特定補助金は地方自治の趣旨に反するものであり，必要最小限に抑えることが望ましいことになる。こうした理由から，2011年度よ

り「国庫負担金」や「国庫補助金」の一部を一般補助金に変更する一括交付金化が行われている。平成23年度は，第１段階として都道府県分を対象に，投資関係の補助金のうち5,120億円が一括交付金化され，客観的指標に基づき地方自治体に配分されたところである[7]。

④ 地方債

　地方自治体における一会計年度を超える借入金を地方債という。地方債には年度間の財源を調整し，世代間の負担の公平を図るという役割がある。つまり，一会計年度の歳入で賄うことができない事業について地方債を発行することで，費用の負担を複数年度に振り分けることにより事業の実施を可能にさせ，現役世代と将来世代との間で負担の公平を保つことができる。こうした考えを踏まえ日本では地方自治体に赤字の埋め合わせとしての公債発行を禁止したうえで，地方財政法第５条において①交通・ガス・上下水道など地方公営企業に要する費用の財源，②公共性の高い企業への出資金・貸付金の財源，③地方債の借り換えのために要する費用の財源，④災害応急・災害復旧・災害救助事業などの財源，⑤文教施設，厚生施設，消防施設，土木施設などの建設事業に要する費用の財源とする場合の五つを適債要件として地方債の発行を認めている。地方債発行の判断は，各地方自治体に委ねられるが，地方債を発行しようとする自治体は，まず，総務大臣または都道府県知事と協議することになる。その結果，総務大臣または都道府県知事の同意を得て地方債を発行する場合には，借入に公的資金をあてることができるうえに，元利償還金を地方交付税額の算出の際に基準財政需要額に加算される，いわゆる交付税措置を受けることができる。同意が得られなかった場合でも地方債は発行できるが，こうした優遇措置を受けることはできない。このような仕組みを地方債の事前協議制と呼ぶ。なお，赤字額が一定の水準以上であったり，実質公債費比率（標準的な一般財源の

---

7) 人口，道路延長距離，耕地面積等を客観的指標として配分されることになる。ただし，23年度は，継続事業に配慮し，客観的指標による配分は全体の１割程度であった。

規模に対する公債費相当額の割合）が18％以上等の財政状態が悪い自治体が地方債を発行する場合には，総務大臣または都道府県知事の許可が必要となる。

また，現在は，地方財政法第5条の規定に基づく以外にも，財源不足の埋め合わせのための特例として，「減収補てん債」，「臨時財政対策債」などの発行が認められている。こうした地方債は交付税措置がなされるため自治体の実質的負担はないとされている。

3 地方分権改革と財政再建

(1) 地方分権の意義

国と地方の関係は，時代や国により異なるが，地方が国から割り当てられた資金を使って国から割り当てられた任務だけを行うことを中央集権型といい，地方が意思決定と資金調達の権限をもち自らの裁量で行政を行うことを地方分権型という。日本においては，都道府県と市町村が地方自治の考えに基づき，一定の権限をもって地域の行政を行っている。地方自治とは，地方が国から独立し（団体自治），地域住民の意思によって自主的に行政を行うこと（住民自治）をいう。都道府県や市町村を地方自治体と呼ぶのもこうした理由による。すなわち地方分権型を目指すことは，地方自治の拡充を目的とすることにほかならない。地方自治体の主たる役割は，市場を通じては十分に供給されない公共財といわれる財やサービスを供給する資源配分の調整にある。公共財には国防や外交のようにすべての国民にかかわるものもあるが，その多くは治安や福祉サービスといった生活基盤として地域の住民に直接かかわるものであるので，何をどれだけ供給するかは，国が画一的に行うよりも地域住民のニーズに合わせる方が効率的といえる。そのため，公共財の供給に関する権限を地方自治体により多く与え，公共財の供給を地方自治体に任せる方が住民の厚生の拡大につながることになる。

(2) 三位一体改革

日本では，1993年衆参両院における「地方分権の推進に関する決議」を契機に地方分権に関する議論が本格化した。1999年には「地方分権一括法」が成立し，国と地方の事務配分が見直され，課税自主権の強化を始めとした地方自治に関連する475の法律の改正が実現した。しかし，地方分権一括法による改革は権限や行政の分権化にとどまり，その裏付けとなる財政面での分権化は進まなかった。そのためさらなる分権改革の課題として，地方財政の再構築が掲げられた。こうした問題への対応策として，打ち出されたものが，国庫補助負担金，地方交付税，税源移譲のあり方を三位一体で検討する「三位一体改革」であった。

この改革は，小泉政権が2002年度の政策として示した「基本方針2002」に初めて盛り込まれ，2004年度から段階的に進められた。2007年度までの三位一体改革の成果を整理すると，国庫補助負担金が「国庫補助金と国庫負担金への依存を抑制し，一般財源割合を引き上げることを目的」として約4.7兆円が削減された。このうち，税源移譲に結びつくとされた国庫補助負担金の改革の額は3.1兆円であり，税源移譲に結びつかないスリム化によるものが1兆円，交付金化によるものが0.8兆円であった。国から地方への税源移譲は2006年度は所得譲与税の形で実行され，2007年度からは所得税と個人住民税の税制改正（所得税率の引き下げと個人住民税率の引き上げ）により約3兆円が所得税から個人住民税に移譲された。地方交付税は総額の抑制が行われ，約5.1兆円の減少となった。三位一体改革の評価としては，税源移譲された3兆円以上に国庫補助負担金や地方交付税が削減されたことで，地方の歳入を大きく縮減させることになり，地方分権化というよりは国の財政再建に資するという意味合いが強い結果といえる。

(3) 自治体財政健全化法と財政再建

地方分権改革が進む一方で，地方自治体の財政責任が問われるようになっていった。2006年1月に設置された「地方分権21世紀ビジョン懇談会」を皮切り

に，同年8月に設置された「新しい地方財政再生制度研究会」によって新たな地方財政再生制度の法制化に向けた検討がなされ，同研究会で提出された報告書をもとに2007年6月に「地方公共団体の財政の健全化に関する法律」（以下，「自治体財政健全化法」という）が成立した。このような新たな再生制度が議論されていたなか，北海道夕張市が2007年3月に福岡県赤池町（現福智町）以来15年ぶりに準用財政再建団体，いわゆる財政破綻となり，自治体の財務監査の必要性を強く印象付けることとなり，法制化の作業が進むこととなった。自治体財政健全化法の目的は，第1条において「この法律は，地方公共団体の財政の健全性に関する比率の公表の制度を設け，当該比率に応じて，地方公共団体が財政の早期健全化および財政の再生ならびに公営企業の経営の健全化を図るための計画を策定する制度を定めるとともに，当該計画の実施の促進を図るための行財政上の措置を講ずることにより，地方公共団体の財政の健全化に資することを目的とする」と定められている。すなわち，地方自治体は公営企業を含め，健全性の指標を通して，財政を早期の段階で健全化させる仕組みを同法は定めているのである。

地方自治体は健全性の指標として，健全化判断比率と呼ばれる①実質赤字比率，②連結実質赤字比率，③実質公債費比率，④将来負担比率の四つの健全化判断比率と⑤資金不足比率を毎年度，監査委員の審査に付したうえで，議会に報告し公表しなければならないこととなっている[8]。これらの指標の値によって各自治体は，健全な段階，早期に自主的な健全化が必要な段階（早期健全化基準），国による支援とともに確実な再生が必要な段階（財政再生基準）のいずれかが判断されることになった。

自治体財政健全化法は2007年度より一部施行され，健全化判断比率は2010年度まで4年度にわたって公表されているが，2007年度に3団体存在した財政再

---

8) ①一般会計等の実質赤字の標準財政規模に対する比率，②全会計の実質赤字の標準財政規模に対する比率，③一般会計等が負担する元利償還金及び準元利償還金の標準財政規模に対する比率，④一般会計等が将来負担すべき実質的な負債の標準財政規模に対する比率，⑤公営企業ごとの資金不足の度合いを表す比率。

生基準以上（レッドカード）の自治体は2008年度からは1団体（夕張市）のみとなっている。また早期健全化基準以上（イエローカード）の自治体は2007年度の43団体から年々減少し，2008年度は22団体，2009年度は14団体，そして2010年度はわずか5団体となった。

　こうした状況をみると，地方財政は年々健全化しているように映るが，経常収支比率など他の財政指標は悪化しており，財政の硬直化が進んでいることがわかる。健全化判断比率による健全化は，あくまで上記5つの指標でみた健全化であり，地方財政全体では税収が伸び悩む中で高齢化等に伴う経費が膨れ，決して健全化へとは向かっていない自治体が多く存在するのが実状である。自治体の一層の健全化への取り組みが求められている。

世界の中の日本の財政

第10章

日本の社会保障と財政問題
－高齢者介護を中心に－

> 本章では，国の財政状況の概要を述べたうえで，財政（財源）と関連させながら，社会保障の課題と今後の展望について高齢者介護を中心に明らかにしたい。

1　厳しい国財政の状況[1]

　国の財政状況は，北海道拓殖銀行の破綻や山一證券が倒産に見舞われた1997年度を境に急速に悪化している。国の財政状況をまとめてみれば次のようになる。

(1)　国債発行額は，1998年度以降，毎年度30兆円を超過している（景気がやや回復した2006年度と2007年度を除く）（図表10－1）。

(2)　1998年度以降，ずっと国債発行額が国債費を上回る状況が続いている。つまり，1998年度は国債費が17.7兆円，国債発行額が34.0兆円，2003年度は国債費が15.5兆円，国債発行額が35.3兆円と，国債発行額が国債費を大きく上回っているのである。また，景気が回復した2007年度においても国債発行額が国債費を上回った。さらに，2009年度は国債費が18.4兆円，国債発行額が52.0兆円，2011年度は国債費が21.5兆円，国債発行額が44.3兆円，2012年度

---

　1)　財務省『日本の財政関係資料』2010年8月，同2011年10月，同2012年2月を参照

第Ⅱ編　ローカル財政論

図表10-1　一般会計における歳出・歳入の状況

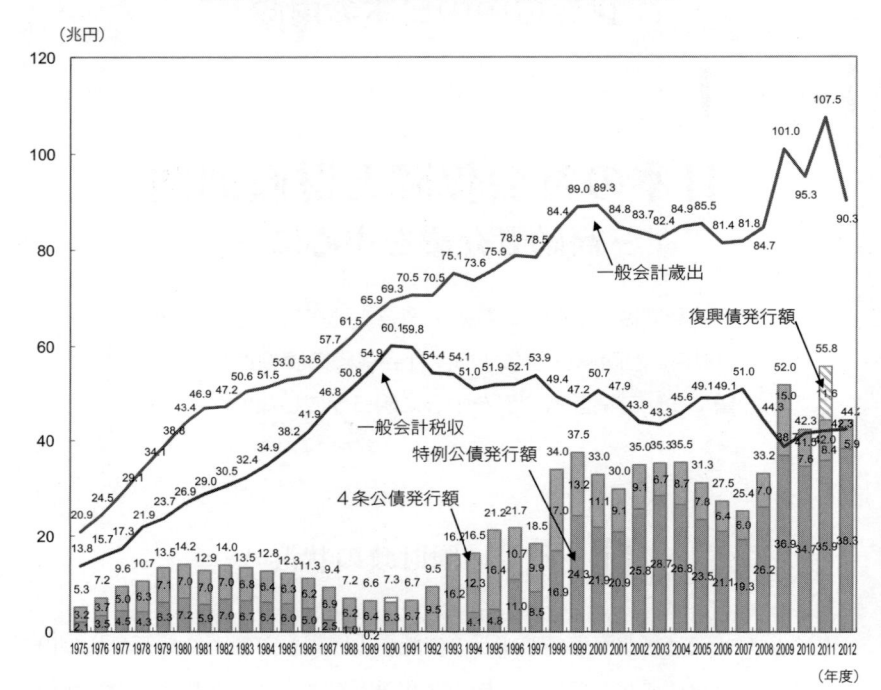

(注1)　2010年度までは決算, 2011年度は4次補正予算, 2012年度は予算案による。
(注2)　歳入の「その他収入」とは, 官業益金及官業収入（病院収入など), 政府資産整理収入（国有財産売却収入や回収金収入など）及び雑収入（日本銀行等による納付金や特別会計からの受入金など）等である。
(注3)　1990年度は, 湾岸地域における平和回復活動を支援するための財源を調達するための臨時特別公債を約1.0兆円発行。
(注4)　2011年度は, 東日本大震災からの復興のために2011年度～2015年度まで実施する施策に必要な財源について, 復興特別税の収入等を活用して確保することとし, これらの財源が入るまでの間のつなぎとして復興債を発行（2011年度：11.6兆円）。なお, 2012年度においては, 東日本大震災復興特別会計（仮称）を設置することとし, 当該特会の負担において復興債を発行するため, 上記の2012年度の公債発行額には計上していない。
出所：財務省『日本の財政関係資料』2012年2月

は国債費が21.9兆円，国債発行額が44.2兆円となっている（決算，2011年度と2012年度は当初予算）。

(3) 1999年度から特例国債（赤字国債，歳入補てん国債）発行額が建設国債発行額を上回る状況が続いている。そして，2003年度からは，毎年度，特例国債発行額が建設国債発行額の3倍を超過しているのである。2011年度（4次補正予算後）は建設国債が8.4兆円，特例国債が35.9兆円，復興債が11.6兆円，2012年度（当初予算）は建設国債が5.9兆円，特例国債が38.3兆円となっている（図表10－1）。

(4) このように特例国債発行額が多額にのぼっているために，2003年度以降，特例国債残高が建設国債残高を上回る状態が続いている。2010年度末現在の国債残高は建設国債残高が246兆円，特例国債残高が390兆円，2011年度末（4次補正後予算に基づく見込み）は，建設国債残高が249兆円，特例国債残高が415兆円，復興債残高が12兆円，2012年度末（当初予算による見込み）は，建設国債残高が247兆円，特例国債残高が450兆円，復興債残高が13兆円となっている（**図表10－2**）。

(5) 景気低迷で国税収入が伸び悩むなかで，2009年度から新規国債発行額が税収を上回る状況が続いている（図表10－1）。2009年度は税収が38.7兆円，国債発行額が52.0兆円と大幅に国債発行額が税収を上回っている。2011年度（4次補正後予算）は，特別会計などの剰余金から一般会計に使われる「埋蔵金」の活用や，子ども手当支給対象者等の個人所得税の扶養控除の廃止に伴う増税によって，復興債発行額を除けば，かろうじて前年度並みの国債発行額（44.3兆円）にとどまったが，国税収入はそれを下回っているのである。

(6) 国債費中に占める利払費の比重が高くなってきている。2012年度当初予算では国債費（21.9兆円）のうち利払費は9.8兆円（45％）であった。現在は低金利状態であるが，今後，金利が上昇するようなことになれば，利払費は大幅に増加することになるだろう。

(7) 日本の金融機関の国債保有額が増加している。ゆうちょ銀行では預金残高の大半が国債保有に向けられていたが，景気低迷とりわけリーマンショッ

第Ⅱ編　ローカル財政論

図表10-2　国債残高の推移

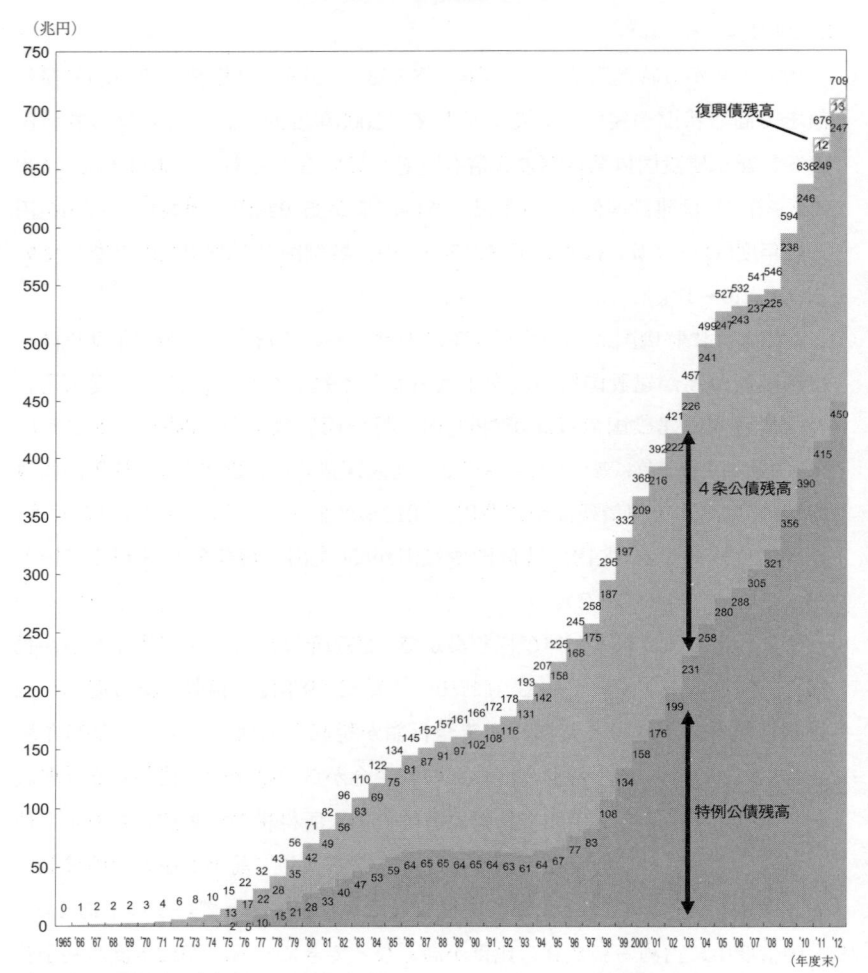

(注1)　公債残高は各年度の3月末現在額。ただし、2011年度末は4次補正後予算に基づく見込み、2012年度末は予算案に基づく見込み。
(注2)　特例公債残高は、国鉄長期債務、国有林野累積債務等の一般会計承継による借換国債を含む。
(注3)　東日本大震災からの復興のために2011年度～2015年度まで実施する施策に必要な財源として発行される復興債（2011年度は一般会計において、2012年度は東日本大震災復興特別会計（仮称）において負担）を公債残高に含めている（2012年度末で12.7兆円）。
(注4)　2012年度末の翌年度借換のための前倒債限度額を除いた見込額は697兆円程度。
出所：財務省『日本の財政関係資料』2012年2月。

ク以降の景気低迷のなかで，三菱UFJファイナンシャルグループや三井住友ファイナンシャルグループなど大手民間金融機関においても，総資産に占める国債の割合が高まっている。金融機関が個人，企業への融資停滞のなかで国債運用を増やしているのである。今後の金利上昇による損失リスクなどの拡大可能性が懸念される。
(8)　日本の国債の多くは日本国内で消化されている。国内の金融機関が多額の国債を保有しているのであるが，それは国民の預金が基盤資金になっていることを意味している。したがってギリシャのような事態になるとは思われないが，高齢化の進行，日本の産業や雇用構造の今後の動向，国際金融の動向などを考えれば，国の財政再建が必要である。

2　社会保障給付費と社会保険料収入の関係[2]

(1) 社会保障給付費と社会保険料収入のかい離の拡大

　日本の社会保障制度は，年金，医療，介護など社会保険で行われているものが多いが，注目されるべきは，近年，社会保障給付費と社会保険料収入とのかい離が拡大していることである。つまり，1975年度は社会保障給付費が11.8兆円，社会保険料収入が9.5兆円となっていたのに対し，1998年度は社会保障給付費が72.1兆円，社会保険料収入が55.0兆円と差が大きくなった。このようなかい離はその後いっそう拡大して，2009年度は社会保障給付費が99.9兆円，社会保険料収入が55.4兆円となっている。このような現象が生じたのは，高齢化が進むなかで右肩上がりになっている社会保障給付費に対し，少子化や雇用構造の激変を反映して社会保険料収入が1998年度以降横ばいになっているからである（**図表10－3**）。

2）　注1）に同じ。

第Ⅱ編　ローカル財政論

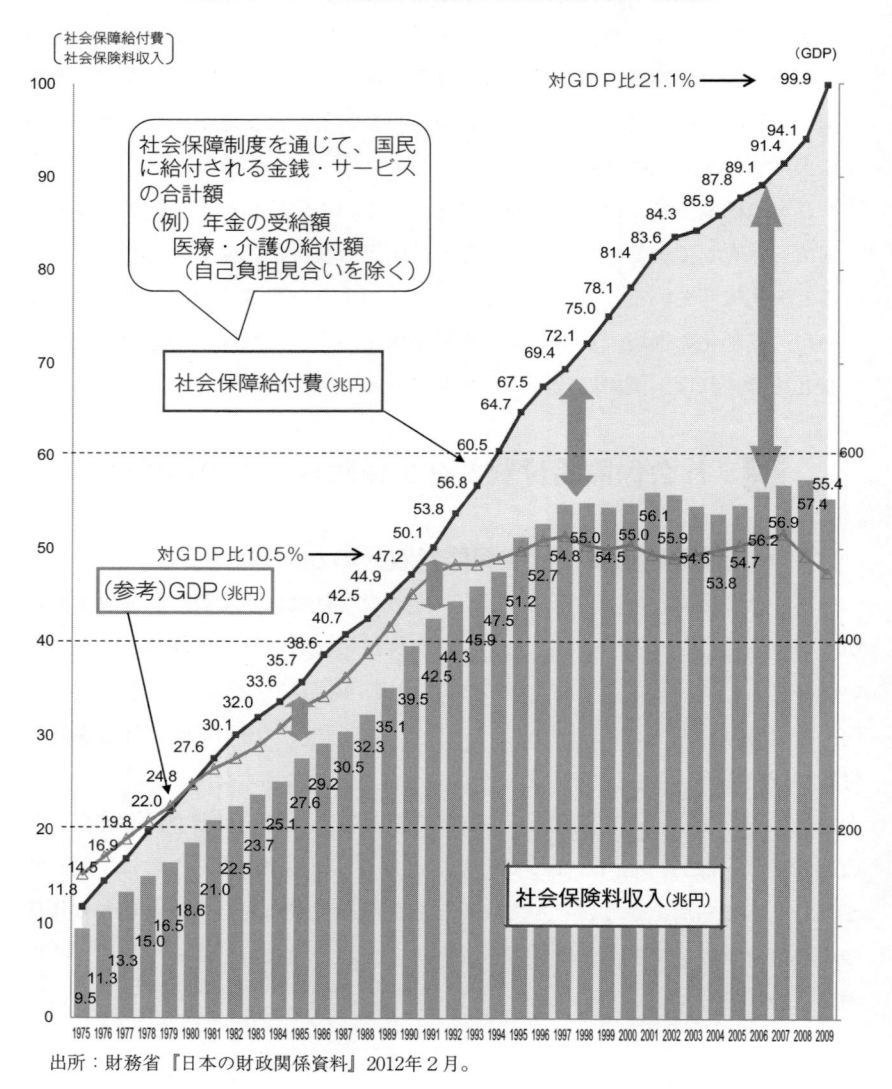

図表10－3　社会保障給付費と社会保険料収入の推移

[社会保障給付費/社会保険料収入]

対GDP比21.1% → 99.9 (GDP)

社会保障制度を通じて、国民に給付される金銭・サービスの合計額
（例）年金の受給額
　　　医療・介護の給付額
　　　（自己負担見合いを除く）

社会保障給付費(兆円)

対GDP比10.5% → 47.2

（参考）GDP(兆円)

社会保険料収入(兆円)

社会保障給付費（兆円）: 11.8, 14.5, 16.9, 19.8, 22.0, 24.8, 27.6, 30.1, 32.0, 33.6, 35.7, 38.6, 40.7, 42.5, 44.9, 47.2, 50.1, 53.8, 56.8, 60.5, 64.7, 67.5, 69.4, 72.1, 75.0, 78.1, 81.4, 83.6, 84.3, 85.9, 87.8, 89.1, 91.4, 94.1, 99.9

社会保険料収入（兆円）: 9.5, 11.3, 13.3, 15.0, 16.5, 18.6, 21.0, 22.5, 23.7, 25.1, 27.6, 29.2, 30.5, 32.3, 35.1, 39.5, 42.5, 44.3, 45.9, 47.5, 51.2, 52.7, 54.8, 55.0, 54.5, 55.0, 56.1, 55.9, 54.6, 54.7, 53.8, 56.2, 56.9, 57.4, 55.4

出所：財務省『日本の財政関係資料』2012年2月。

(2) 高齢化の進行と国民医療費

　高齢化の進行のなかで医療給付費と介護給付費が増大している。2007年度の国民医療費は34.1兆円で，このうち65歳未満の者の医療費は16.4兆円（48%），65歳以上の者の医療費は17.7兆円（52%）であった。また，70歳以上の者の医療費は14.2兆円（42%），75歳以上の者の医療費は10.1兆円（30%）であった。国民医療費に占める高齢者の利用割合が圧倒的に高いのであり，高齢化の進行とともに，今後医療費はいっそう増大することになるだろう。

　これに対し，国民医療費の財源は，保険料が49%（16.8兆円，うち事業主が6.9兆円，被保険者が9.9兆円），公費が37%（12.5兆円，うち国8.4兆円，地方自治体4.1兆円），患者負担等が14%（4.8兆円）であった。近年は診療報酬の引き下げや後期高齢者医療制度の創設が行われる一方で，患者負担が増大（3割自己負担）し，保険料収入は5割を切っている。

(3) 高齢化の進行と介護給付費

　また，介護給付費は基本的に65歳以上の者に給付されるが，介護保険制度がスタートした2000年度（実績）が3.2兆円であったのに対し，2011年度（当初予算）は7.9兆円となっていて，約10年間で2.5倍になった。介護保険は1割の利用者負担のほかは，保険料と税金を半々で運営財源とする制度設計がなされている。つまり，利用者負担をのぞいた介護保険財政のなかで，65歳以上の者の介護保険料が21%，40-64歳の者の介護保険料が29%（第5期の場合），国財源が25%，都道府県財源が12.5%，市町村財源が12.5%となっているのである（ただし，税源配分の三位一体改革により，現在，特別養護老人ホーム等の施設分については国財源が20%，都道府県財源が17.5%となっている）。65歳以上の者の介護保険料基準額（全国平均，月額）は第1期（2000-2002年度）が2,911円，第4期（2009-2011年度）が4,160円，第5期（2012-2014年度）が4,972円であった。第5期には，保険料基準額が大幅に上昇し，全国平均でも約5,000円の保険料基準額となっている。県内の市町村平均が月額5,500円を超過した県が沖縄県（5,880円），新潟県（5,634円）など5県あり，新潟県の関川村などいくつかの

図表10-4 第5期における介護保険料基準額
第5期計画期間における各都道府県平均保険料基準額

都道府県名	保険料額（月額）		都道府県名	保険料額（月額）	
	第5期 (2012-2014)	第4期 (2009-2011)		第5期 (2012-2014)	第4期 (2009-2011)
北 海 道	4,631	3,984	滋 賀 県	4,796	3,971
青 森 県	5,491	4,999	京 都 府	5,280	4,332
岩 手 県	4,851	3,990	大 阪 府	5,306	4,588
宮 城 県	4,896	3,999	兵 庫 県	4,982	4,312
秋 田 県	5,338	4,375	奈 良 県	4,592	4,017
山 形 県	4,784	3,902	和 歌 山 県	5,501	4,625
福 島 県	4,705	3,717	鳥 取 県	5,420	4,488
茨 城 県	4,528	3,717	島 根 県	5,343	4,274
栃 木 県	4,409	3,730	岡 山 県	5,224	4,469
群 馬 県	4,893	3,997	広 島 県	5,441	4,462
埼 玉 県	4,506	3,722	山 口 県	4,978	3,996
千 葉 県	4,423	3,696	徳 島 県	5,282	4,854
東 京 都	4,992	4,045	香 川 県	5,195	4,198
神 奈 川 県	4,787	4,106	愛 媛 県	5,379	4,626
新 潟 県	5,634	4,450	高 知 県	5,021	4,388
富 山 県	5,513	4,574	福 岡 県	5,165	4,467
石 川 県	5,546	4,635	佐 賀 県	5,129	4,338
福 井 県	5,266	4,253	長 崎 県	5,421	4,721
山 梨 県	4,910	3,948	熊 本 県	5,138	4,357
長 野 県	4,920	4,039	大 分 県	5,351	4,155
岐 阜 県	4,749	3,937	宮 崎 県	5,142	4,150
静 岡 県	4,714	3,975	鹿 児 島 県	4,946	4,172
愛 知 県	4,768	3,941	沖 縄 県	5,880	4,882
三 重 県	5,314	4,189	全 国 平 均	4,972	4,160

（注） 各都道府県の保険者ごとの保険料基準額を平均したものである。

市町村における保険料基準額の分布状況（保険者数：1,566）

区　　分	保険者数
2,501円以上　～　3,000円以下	10（ 0.6%）
3,001円以上　～　3,500円以下	28（ 1.8%）
3,501円以上　～　4,000円以下	142（ 9.1%）
4,001円以上　～　4,500円以下	348（22.2%）
4,501円以上　～　5,000円以下	532（34.0%）
5,001円以上　～　5,500円以下	333（21.3%）
5,501円以上　～　6,000円以下	155（ 9.9%）
6,501円以上　～　6,500円以下	15（ 1.0%）
6,501円以上　～	3（ 0.2%）
合　　　計	1,566

（注） 保険者数には市町村のほかに広域連合を含む。
出所：厚生労働省資料（2012年）より作成。

市町村では月額6,500円を超過しているのである。また，市町村の保険料基準額の分布状況をみれば，65歳以上の者の保険料基準額（月額）の県平均が5,000円を超過した都府県が，都道府県全体の実に3分の1を占めている（**図表10－4**）。

　高齢者の保険料（保険料基準額）は，現状の高齢者の年金水準を考慮に入れれば，最大でも5,000円を超過しないのが妥当だと考えられている。第5期（2012－2014年度）の保険料については，厚生労働省は財政安定化基金を取りくずすことによって，できるだけ高齢者の保険料を引き上げない方針とした。しかし，それは一時しのぎ策に過ぎなかったし，大きな引き下げ効果が出なかった。実際の保険料軽減額（月額）は少額で，例えば札幌市では約60円にすぎなかったのである（札幌市資料による）。そして，156ある北海道の自治体・広域連合のうち，第4期に比べて月額1,000円以上の引き上げ額になったのは26にのぼっている[3]。引き上げ額が最も大きかった自治体（A町）では保険料基準額が月額1,600円上昇した[4]。このようななか，保険料の大幅な引き上げを防ぐために，一般財源から2億円を投じた自治体（B市）もあった[5]。

　第5期に限らず，今後も保険料が上昇する可能性が高い。保険料の軽減には，サービス給付を抑制する方法や，介護従事者の賃金を抑制することによって介護報酬を引き上げないなどの方法もあるだろうが，高齢化が進むなかで多少の給付の抑制をしても給付費は増大するだろうし，給付の大幅抑制は高齢者の生活の質の悪化や介護する家族の負担増加につながる。また，介護従事者の待遇は良好ではなく，その改善こそがまさに現在の課題となっているのであるから，このような財政支出面での抑制では問題が多すぎるし，根本的な解決にはならない。また，保険料を20歳から徴収する考え方や高額所得高齢者の保険料の引き上げの考え方も出てきている。介護保険の枠内で考えるとすれば，次にくるのは20歳からの介護保険料の徴収になるのだろうが，基本的に65歳にならなけ

3）　介護保険料に関する厚生労働省資料（2012年）による。
4）　筆者によるA町でのヒアリング調査（2012年3月27日）による。
5）　『北海道新聞』2012年3月27日朝刊。

れば受給資格がない現行の介護保険の仕組みを考えれば，このような20歳徴収論は，負担と給付の関係において課題があるといえる。また，高額所得の高齢者の保険料アップも，過疎地域などの自治体では高額所得の高齢者自体の数が少ないので効果的な施策になるとは思われない。また，そもそも保険料の所得段階を多くすることには限度があるし，問題があると思われる。高額所得高齢者の負担拡大を考えるのならば，所得税制度の見直し等のなかで行うべきであろう。

3 高齢化の進行と高齢者・家族における変化[6]

　日本の高齢者比率は1950年に4.9％であったが，1970年に7％を超過して高齢化社会に，1994年に14％を超過して高齢社会に突入した。2010年10月1日現在，高齢者人口は2,958万人，高齢者比率は23.1％である。そして，2013年には25.2％と国民のうち4人に1人が，2035年には33.7％と3人に1人が高齢者になる見込みである。

　注目すべきは，高齢者だけで暮らす世帯の増加が著しいことである。つまり，「高齢者のいる世帯」に占める単独世帯，夫婦のみの世帯割合が1980年は27％であったが，2009年は53％と半数を超えた。一人暮らしの高齢者数も，1980年の88万人に比べて2005年には386万人（男性105万人，女性281万人）と増大した。2025年には673万人（男性249万人，女性423万人）になる見通しで，特に男性の伸び率が高くなると予想されている。また，高齢者の子どもとの同居率は1980年には69％であったが，以後急速に低下し，2009年には43％に落ち込んでいる。子どもと同居しない高齢者数が子どもと同居する高齢者数を上回っているのである。しかも，日本は欧米諸国や韓国に比べて別居の子どもとの接触頻度が低い。独居もしくは高齢者だけで暮らす高齢者の置かれた状況は厳しいといえるだろう。明らかに，家族による介護の機能はこの30年間で大きく減退している

---

6)　内閣府『高齢社会白書（平成23年版）』2011年7月，同『高齢社会白書（平成22年版）』2010年7月，同『高齢社会白書（平成20年版）』2008年6月を参照。

のである。

　さらに，高齢者世帯の所得分布（2006年）をみると，年収「200万円」未満層が約4割にのぼっている。

　今後の高齢者福祉を考える際に重要なのは，後期高齢者が大幅に増加することである。後期高齢者数は2017年に前期高齢者数を上回り，2025年には現在の1.5倍の2,167万人になる見込みである。介護が深刻な問題になるのは後期高齢者からのケースが多い。身体の衰えから高い要介護度になる者が増えるとともに，重い認知症の症状が出る後期高齢者が少なくないのである。高齢者の独居世帯と高齢者夫婦のみの世帯が増加するなかで後期高齢者が増加するのだから，今後，老老介護はいっそう深刻さを増すだろうし，認知症（軽度）の高齢者が認知症（重度）の高齢者を介護する，いわゆる「認認介護」も増大するだろう。介護される側だけではなく，介護をする家族の側の問題にも目が向けられなければ，今後の在宅での介護の展望は厳しいということができるだろう。また，同居する家族等による高齢者虐待が多発しているし，高齢者の財産管理上のトラブルも増加している。これらの現状を直視し，課題に果敢に取り組むことが，今日，求められている。

　したがって，介護サービスの質を高めることやニーズにあった量的な整備の必要はもちろんのことであるが，これまでよりもいっそう介護する家族に目を向けた施策が重視されなければならない。また，介護従事者の処遇改善，低所得高齢者の保険料軽減と利用者負担軽減が求められているといえるだろう。

4　安心のセーフティネットをどのように構築するのか

　まず，明確にすべきことは，医療給付費や介護給付費は高齢化のなかで増大することは不可避であり，そのようななかで医療，介護の充実を図るのであれば，国民負担率の上昇は避けられないということである。つまり，確固としたセーフティネット機能をもつ社会保障制度の構築を展望するのならば，国民負担率の上昇は避けられないのである。また，国の財政状況が厳しいことも国民

負担率の上昇につながらざるをえない。当面は，ドイツ，イギリス並みの中福祉，中負担国家が目指されなければならないだろう。

国民負担率（対国民所得費比）の先進国比較を試みると（**図表10－5**），日本は39.9％でアメリカ（30.3％）に次いで低い。イギリス（45.8％）やドイツ（53.2％），フランス（60.1％），スウェーデン（62.5％）は，日本よりも10－20ポイント高い。ドイツ，フランスなど社会保障負担率が国民負担率の4割を占めている国もあるが，総じて西欧諸国や北欧諸国では租税負担率が高く，なかでも消費課税と個人所得課税のウエイトが高いのである。現在の日本は，国民負担率の約4割が社会保障負担率となっており，ドイツ，フランス並みの「社会保険の国」になってきている。

今後，重要な論点になるのは，社会保障を租税で行うのか，社会保険で行うのかである。すでに指摘したように，近年，社会保障給付費と社会保険料収入のかい離が大きくなってきており，このために公費（税投入）の増大が続いて

図表10－5 国民負担率の国際比較

［国民負担率＝租税負担率＋社会保障負担率］　　　　　　　　［潜在的な国民負担率＝国民負担率＋財政赤字対国民所得比］

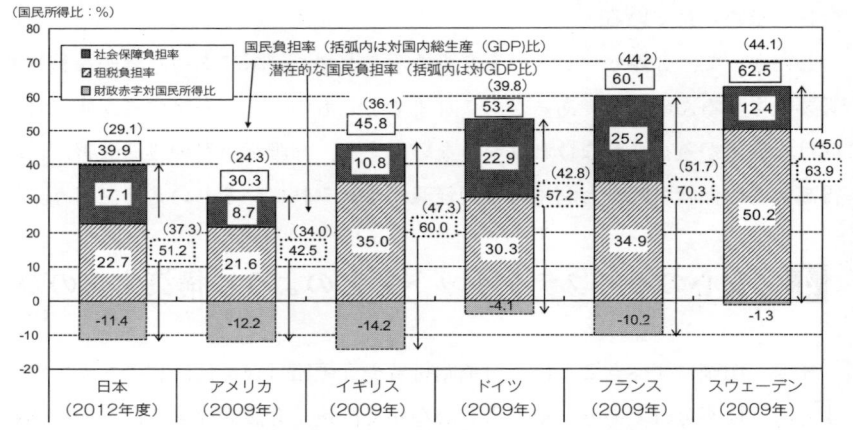

国	社会保障負担率	租税負担率	財政赤字対国民所得比	国民負担率（括弧内は対国内総生産（GDP）比）	潜在的な国民負担率（括弧内は対GDP比）
日本（2012年度）	17.1	22.7	-11.4	39.9 (29.1)	51.2 (37.3)
アメリカ（2009年）	8.7	21.6	-12.2	30.3 (24.3)	42.5 (34.0)
イギリス（2009年）	10.8	35.0	-14.2	45.8 (36.1)	60.0 (47.3)
ドイツ（2009年）	22.9	30.3	-4.1	53.2 (39.8)	57.2 (42.8)
フランス（2009年）	25.2	34.9	-10.2	60.1 (44.2)	70.3 (51.7)
スウェーデン（2009年）	12.4	50.2	-1.3	62.5 (44.1)	63.9 (45.0)

（注）1．日本は2012年度（平成24年度）見通し。諸外国は2009年実績。
　　　2．財政赤字の国民所得比は，日本及びアメリカについては一般政府から社会保障基金を除いたベース，その他の国は一般政府ベースである。
　　【諸外国出典】　"National Accounts"（OECD），"Revenue Statistics"（OECD）等
出所：財務省『日本の財政関係資料』2012年2月。

いる。年金と医療については，基本的に現行の保険方式の維持・改善が重要だが，介護保険では，現在の年金水準を考えれば，65歳以上の者の保険料負担額がそろそろ限界に近づいている。この問題への対処策を介護保険の枠内で考えれば，最も有力なのは20歳からの保険料徴収論であろうが，先にも指摘したように問題が多すぎる。もはや，その場しのぎの政策を続けるのではなく，税方式への転換を検討することが重要である。

　近年，日本では租税負担率が低下する一方で社会保障負担率が上昇している。1990年度の国民負担率は38.7％（租税負担率が27.4％，社会保障負担率が11.3％），2007年度の国民負担率は39.5％（租税負担率が24.6％，社会保障負担率が15.0％）と，国民負担率の数値はあまり変わっていないが，租税負担率は2.8ポイント下がり，社会保障負担率は3.7ポイント上昇している[7]。所得税の減税や景気低迷などによって租税負担率が下がり，高齢化の進行とともに社会保障負担率が上昇しているのである。個々人が負担しなければ給付に結びつかないのが社会保険であり，社会共通費用をまかない社会連帯に結びつくのが租税であると，ほぼ言ってよいだろう。保険では低所得者対策の不足や保険料未納者へのペナルティなどが生じがちになる。しかも現状では，社会保険に加入していない者や保険料未納者が増大している。その意味では，消費税を増税し，介護の税方式への転換の際の有力な財源として活用することも今後考えなければならないだろう。そうなれば，消費税は共生と社会連帯を示す税として，今後の「自助型に流れない」社会保障制度構築との関連で，積極的に位置づけることが可能となる。また，どうしても大衆課税としての性格をぬぐいきれない消費税の増税と並んで，所得税をも含めた税制改革をどのように展望していくのかが，あわせて検討されなければならない。

　なお，高齢者介護と医療は，今後の高齢化のなかで，需要が確実に計算できるし，日本各地域で事業の展開を見込むことができる。さらに，介護従事者の処遇改善を抜本的に行うのならば，雇用の増加や地域経済への波及効果も大き

---

7)　財務省『わが国税制・財政の現状全般に関する資料』2011年10月を参照。

くなるだろう。そこで，高齢者のニーズを的確に把握し，ニーズにあった事業展開をしていくことができれば，高齢者介護と医療は内需型産業としての発展可能性が十分にあるといえるのである。その意味でも，後期高齢者医療と介護の制度設計の見直しが重要になるのであり，財源をどのように投入していくのかが大切になるのである。

ローカル・イシュー

第11章

地域間格差拡大とその対応

> 本章は，地域間格差に関する代表的な理論を紹介した後，ジニ係数や変動係数を用いてわが国の地域間格差の実態を検証する。これらの検証結果をもとに，地方分権時代における地域間格差への対応のあり方を考える。

1 はじめに

　一国のなかの地域は，地理的・自然的条件や歴史的経緯，さらには政治的・経済的な影響により，それぞれの地域が異なる経済社会構造をもっている。地域経済は，こうした「地域がもつ諸条件」に規定されており，各地域の諸条件の違いが地域間における経済力の差，すなわち地域間格差を生み出している。

　地域間格差の問題は，地域経済にとって最も重要な政策課題の一つである。地域間の経済力格差は，地域間の所得格差や地方自治体間の財政力格差を引き起こす。格差の存在は，「貧困の固定化」や「治安の悪化」など，その国の経済・社会の安定を阻害する要因になりうることから，多くの国々では個人間あるいは地域間の所得格差が重要な政策課題と位置づけられ，その政策対応のあり方が検討されてきた。

　このように，地域間格差の問題は，多くの国や地域が抱える共通の課題である。本章では，地域間格差について地域発展論ならびに地方財政論の観点から

検討を行いながら，地方分権時代における地域間格差への対応のあり方を考えてみたい。

2 地域経済の発展と地域間格差

経済成長と地域間格差の関係については，国内外を問わずさまざまな議論がなされてきた[1]。地域発展論の分野では，「地域間格差が市場メカニズムによって縮小する」という主張がある一方で，「政府の介入がなければ地域間格差は拡大経路をたどる」という議論もある。以下では，こうした地域発展と地域間格差の議論に関する代表的な理論を紹介した後，わが国の地域間格差の実際を検討する。

(1) 地域間格差縮小の理論－新古典派経済学の地域間格差論－

新古典派経済学の理論（以下，新古典派理論）によれば，競争市場における生産要素の自由な移動を通して地域間格差は縮小する。これは市場メカニズムを重視した考えであり，市場の力に任せておけば，地域間格差はいずれ縮小するというものである。**図表11－1**に新古典派理論における地域間格差縮小のメカニズムを示した。

図表11－1より，地域1，地域2それぞれの地域における労働の賃金率は，需要曲線と供給曲線の交点（E）で求められる。労働力の移動が行われる前の賃金率は，地域1よりも地域2の方が高い。そのため地域1に存在する労働力は，「より高い賃金」を求めて地域2へ移動する。地域1から地域2への労働力の移動により，地域2の労働供給量は増大し，供給曲線が右にシフトする。逆に地域1では労働供給量が減少するため供給曲線が左にシフトする。こうした労働移動によって両地域の労働需給のバランスが変化し，それに伴って両地

---

[1] 戦後のわが国の経済成長ならびに地域経済成長に関する研究は，喜多（1972）および中村（1994）を参照。

第11章 地域間格差拡大とその対応

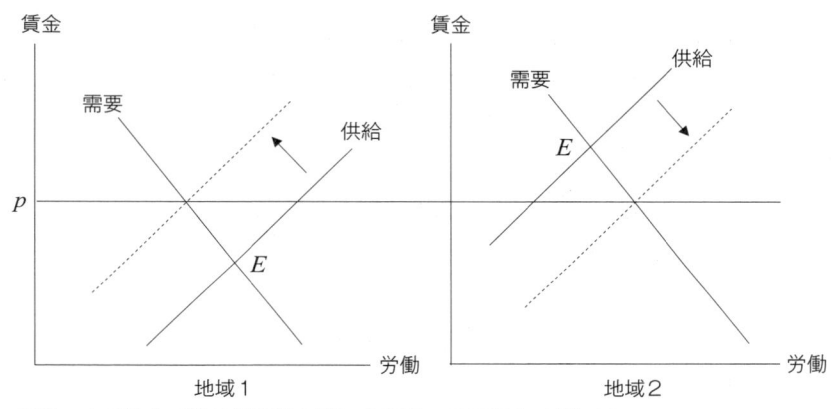

図表11－1　新古典派経済学の地域間格差論

（図：地域1と地域2の賃金－労働の需要供給曲線。地域1では供給曲線が左上方向にシフト、均衡点E、賃金水準p。地域2では供給曲線が右下方向にシフト、均衡点E。）

出所：山田浩之『地域経済学入門』有斐閣，2002年を一部加工

域の賃金率も変化する。新古典派理論では，このような労働移動が「両地域の賃金率が同じ水準（p）になるまで続く」と想定している。つまり労働移動は"地域間の賃金格差が収斂されるまで続く"のである。この調整過程は資本についても同様である。資本移動が行われる前の収益率が地域1で高い場合，地域2に存在する資本は「より高い収益率」を求めて地域1へ移動する。地域2から地域1への資本移動が促進されると，やがて地域1の資本の収益率（＝限界生産力）は資本の集中によって頭打ちとなる。一方で，資本の移動のあった地域2では，資本の限界生産性が高まるため，次第に両地域の資本の収益率格差は縮小していく。

　以上のように，新古典派理論は市場メカニズムを重視しており，労働や資本など生産要素の自由な移動を通して地域間格差は縮小する。

(2)　地域間格差拡大の理論－循環的・累積的因果関係論－

　地域間格差拡大の理論として代表的なのは，ミュルダール［Myrdal．G］やカルドア［Kaldor．N］によって提唱された「循環的・累積的因果関係論」

である[2]。彼らの理論によれば，市場における力関係は地域間不均衡の下で拡大する。市場における力関係とは，地域間における成長と衰退の関係を表しており，成長過程の地域は循環的・累積的過程を通じてますます成長が促進され，逆に衰退過程の地域は循環的・累積的過程を通じてますます衰退の途をたどる。彼らの理論に従えば，発展している地域と衰退している地域との格差は，時間の経過とともに拡大していくことになり，新古典派理論が主張するような「市場メカニズムによる地域間格差の縮小」は起こらない。

「循環的・累積的因果関係論」では，貧しい地域から豊かな地域へ労働や資本，財・サービスが流出することで貧しい地域の経済が衰退し，豊かな地域との格差が拡大すると考える。ミュルダールは，こうした豊かな地域の成長が貧しい地域の成長を妨げる効果を「逆流効果」と呼んだ。市場メカニズムに任せておけば「逆流効果」によって地域間格差が拡大するため，政府による格差是正政策が必要になる。

ミュルダールは，豊かな地域の経済発展が貧しい地域の経済発展を引き起こす作用についても述べている。豊かな地域の経済発展に伴う輸入需要の拡大が，貧しい地域の輸出部門の成長を促進させ，また豊かな地域の技術が貧しい地域に伝播することで貧しい地域の生産性が上昇し，経済発展が促進される。このように，豊かな地域の経済発展が貧しい地域の経済発展を促進することを「波及効果」と呼ぶ。ミュルダールは，循環的・累積的因果関係論のなかで「逆流効果」と「波及効果」の両方の可能性を指摘しているが，多くの場合「逆流効果」が「波及効果」を上回るとしており，地域間格差が拡大することを強調している。

---

2) Myrdal.G., "Economic Theory and Under-developed Regions" Gerald Duckworth., 1957. および Kaldor.N., "The Case for Regional Policies", Scottish Journal of Political Economy, 1970.

第11章　地域間格差拡大とその対応

3　地域間格差の実際

(1)　わが国における地域間所得格差の動向

　現実の経済をみると，国際間あるいは地域間でさまざまな格差が存在している。一般的に，地域間格差を考える際に問題とされるのは，地域間の所得格差である。わが国においても，戦後の高度経済成長期において都市圏と地方圏の所得格差が顕在化し，これに対応するために全国総合開発計画などの格差是正政策が実施されてきた[3]。また，近年も地域間あるいは個人間の所得格差の問題が取り上げられるなど，「格差」の問題は戦後から今日に至るまで重要な政策課題となっている。

　所得格差を測る指標として代表的なのは，ジニ係数である。ジニ係数は社会における所得分配の不平等度を表す指標であり，その値は0～1の範囲で示される。係数の値が1に近いほど所得格差が拡大していることを意味し，逆に係数の値が0に近いほど格差が小さいことを意味する。近年のわが国のジニ係数の値は0.301（1999年），0.308（2004年），0.311（2009年）となっており，所得格差が拡大傾向にあることがわかる[4]。

　前述のジニ係数は世帯間の所得格差を表したものであるが，地域間の所得格差を測る際には，変動係数が用いられる。変動係数は，ジニ係数と同じく所得分布の不平等度を測る指標であり，変動係数の値が大きければ地域間の所得格差が大きく，値が小さければ所得格差が小さいことを意味する。**図表11－2**は1人当たり県民所得の変動係数の推移である。

　わが国の地域間所得格差の推移をみると，96年から2001年にかけて格差は横ばいまたは縮小傾向で推移していた。その後は2002年頃から急激に格差が拡大

---

3)　戦後の地域間格差の拡大とその是正策については池宮城（2000）を参照。
4)　数値は総務省『全国消費実態調査』，2人以上の一般世帯（全世帯）である。近年の所得格差の拡大については，高齢化などの人口動態的な要因も含まれているため拡大要因の特定には精査が必要である。わが国の所得格差については大竹（2005）に詳しい。

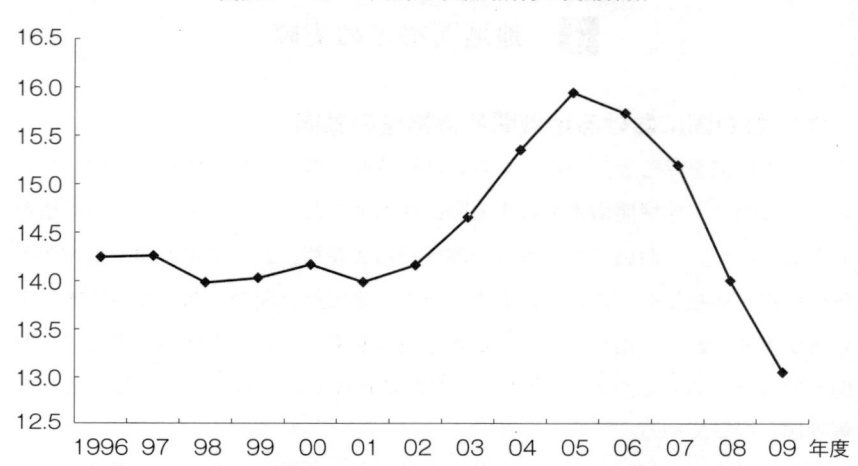

図表11−2　1人当たり県民所得の変動係数

出所：内閣府『県民経済計算』、平成21年度より作成
注1　変動係数は「標準偏差／平均値」で求められる。
注2　数値は変動係数×100

し、2005年をピークに格差は再び縮小傾向に転じている。直近の変動係数は13（2009年）であり、近年では最も地域間格差が縮小している。

　2009年の1人当たり県民所得の上位県と下位県をみると、1人当たり県民所得が最も高い県は東京都（390万円）であり、最も低い県は高知県（201万円）となっている[5]。また、1人当たり県民所得の上位5県（平均値）の過去3年間の推移をみると、363万円（2007年）、335万円（2008年）、316万円（2009年）となっている。一方で下位5県のそれは219万円（2007年）、212万円（2008年）、209万円（2009年）であり、1人当たり県民所得の上位と下位との間には、100万円以上の所得の開きがあることがわかる[6]。図表11−2において地域間の所得格差が縮小傾向にあることが示されたのであるが、その一方で所得上位県（都市圏）と下位県（地方圏）との間には厳然たる所得格差が存在していることも事実であり、こうした都市圏と地方圏の所得格差のトレンドは戦後から一貫

5）　数値の出所は内閣府『県民経済計算』、平成21年度。
6）　前掲『県民経済計算』。

(2) 地域間格差はなくならないのか

わが国の状況をみてもわかるように，現実の経済では地域間格差が存在している。新古典理論は，生産要素の自由な移動を通じて格差が縮小することを主張しているが，現実の経済では生産要素の移動にはさまざまなコストが発生するため，生産要素のスムーズな移動は実現しにくい[7]。ここでいうコストとは，金銭的なコストだけでなく，生産要素の移動に伴う諸々の機会費用も含まれる。例えば，労働者の地域間移動についても，移動に伴う金銭的なコストに加えて親や親戚，友人など地域のコミュニティを失うことのコストもまた移動を制限する要因となりうるだろう。したがって，現実の経済では，移動によって得られる便益がこれらのコストを上回らない限り労働移動は起きない。また，生産要素にかかわる制約以外にも，地域間における資源の偏在や産業構造の違いなども格差が存続する要因になりうる。

以上のように，現実の経済ではさまざまな要因によって地域間格差が存続している。したがって，地域間格差の存在を前提とした場合，政府による格差への対応策がその国の経済・社会の安定にとって極めて重要になるが，そうした格差への対応策については，国によっても，あるいは時代によっても対応のあり方に違いがみられる。次節では，わが国における地域間格差への対応を検討しつつ，地方分権時代における地域間格差の課題を考える。

4 地域間格差と財政

地域間格差の問題に対してわが国ではどのような政策対応がなされてきたのであろうか。以下では，地方財政の視点から地域間格差について検討する。

---

[7] 新古典派理論の詳細はRichardson.H., "Regional Growth Theory", The Macmillan press, 1973.を参照。

(1) 財政力格差是正のための地方交付税

地域における経済力の違いは，地理的・自然的条件や人口，産業構造，企業立地などに起因するものであるが，こうした地域がもつ諸条件の違いは，その地域（地方自治体）の財政にも影響を与える。地域間の経済力の違いは，地方自治体間の財政力格差を生み出し，地方自治体間の財政力格差は公共サービスの地域間格差を生み出す。このような地域間財政力格差に対して，わが国では地方交付税を中心とした財政移転によって地方自治体間の財政調整が図られてきた。

地方交付税制度は，地方交付税法に基づいている。地方交付税は地方自治体間の財源の不均衡を調整し，地域間の公共サービスの格差を是正することを狙いとしたもので，使途が制限されていない一般財源である[8]。わが国では，この地方交付税制度によって地域間の財源の不均衡が調整され（財源調整機能），

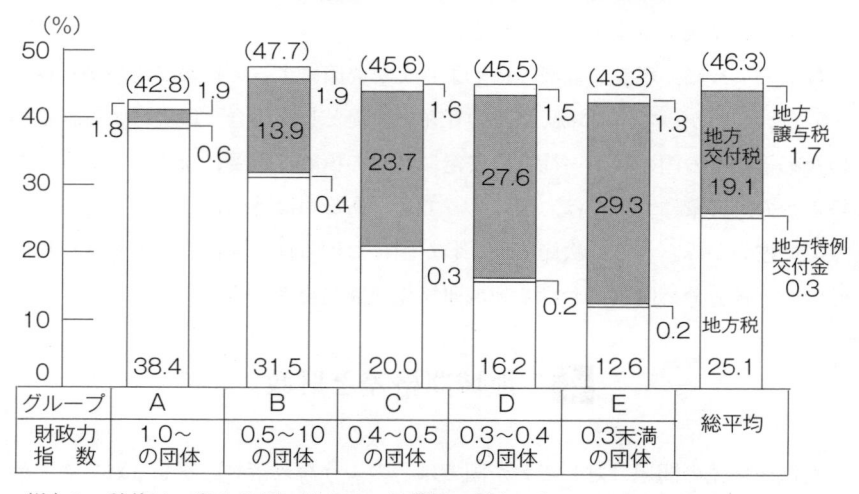

図表11−3　歳入総額に占める一般財源の割合（道府県）

グループ	A	B	C	D	E	総平均
財政力指数	1.0〜の団体	0.5〜10の団体	0.4〜0.5の団体	0.3〜0.4の団体	0.3未満の団体	
合計	(42.8)	(47.7)	(45.6)	(45.5)	(43.3)	(46.3)
地方譲与税	1.9	1.9	1.6	1.5	1.3	1.7
地方特例交付金	1.8	0.6	0.4	0.3	0.2	0.3
地方交付税	—	13.9	23.7	27.6	29.3	19.1
地方税	38.4	31.5	20.0	16.2	12.6	25.1

（注）1．数値は，歳入総額に対する一般財源の割合である。
　　2．地方税の額は，利子割交付金，配当割交付金，株式等譲渡所得割交付金，地方消費税交付金，ゴルフ場利用税交付金，特別地方消費税交付金，自動車取得税交付金，軽油引取税交付金として市町村に交付する額を除いたものである。
　　3．東京都については，総平均から除いている。
出所：西田安範編『図説日本の財政』平成23年度版，東洋経済新報社

またこの制度によって各地方自治体の財源が保障されている（財源保障機能）[9]。

図表11－3は歳入総額に占める一般財源の割合を示したものであるが，同図をみると，地方税収が少ない地方自治体，すなわち財政力の弱い地方自治体（財政力指数の低い自治体）ほど地方交付税が多く配分されていることがわかる。財政力指数が0.3未満および0.3〜0.4の地方自治体をみると，歳入総額の約3割が地方交付税によって賄われている状況であり，地方交付税による財政調整によって財政力が弱い地方自治体の財源が保障され，どの地方自治体も一定の行政サービスを行うことが可能になっている。

以上のように，地方交付税制度はわが国の地域間財政力格差を是正し，同時に地方自治体の財源を保障するという意味において，極めて重要な役割を果たしている。

(2) 地域間格差是正政策としての公共投資

わが国における地域間格差の問題は，高度経済成長期において都市圏と地方圏との格差の問題が深刻化したことに端を発している。都市圏と地方圏との格差を是正するため，政府は国土総合開発法（1950年）に基づき全国総合開発計画（以下，全総計画）を実施した。以来，全総計画はその名称を変えながらも，2005年の国土総合開発法改正までわが国の地域開発政策としての役割を果たしてきた[10]。数次にわたる全総計画の最大の目的は「地域間格差の是正」であり，

---

8) 同法の第1条には「地方団体が自主的にその財産を管理し，事務を処理し，及び行政を執行する権能をそこなわずに，その財源の均衡化を図り，及び地方交付税の交付の基準の設定を通じて地方行政の計画的な運営を保障することによって，地方自治の本旨の実現に資するとともに，地方団体の独立性を強化することを目的とする。」と記載されている。

9) 地方交付税は，国の一般会計から交付税及び譲与税配付金特別会計を通じて，各地方公共団体へ交付される。2011年現在，地方交付税の総額は，所得税および酒税の32％，法人税の34％，消費税の29.5％，たばこ税の25％と定められている。

10) 国土総合開発法は2005年に抜本的に改正が行われた。これにより，わが国では新時代を見据えた新たな国土計画法，いわゆる国土形成計画法が制定された。国土形成計画法のもと，現在は全総計画に代わる「国土形成計画」が策定されている。

その目的を達成するための方法は，大規模な公共投資の実施による国土の均衡ある発展を目指すものであった[11]。

全総計画に代表されるように，わが国では地域間格差是正のための手法として公共投資が用いられてきた。こうした公共投資は，地域経済の発展のための基盤づくりといった側面だけでなく，公共投資の地方圏への重点配分を通して地方圏の所得形成や雇用創出を図り，これによって都市圏と地方圏の格差を是正するという「格差是正政策」の側面も持ち合わせていたといえる。

金森・香西・加藤（2007）は，公共投資の地方圏への重点配分について「GDPに占める公的固定資本形成の割合は，1955年以降一貫して三大都市圏よりも地方圏の方がこの割合が高く，さらに80年代以降は大都市圏から遠隔地にある地域ほど，その割合が高い傾向がある[12]」と指摘している。また1人当たり県民所得が低い地域にはより多くの行政投資額が配分されているとの分析結果もあり[13]，わが国の公共投資が"効率性"という観点からではなく，"地域間の公平性"を重視した政策，すなわち地域間格差の是正を意図した政策であったことがうかがえる。

(3) 地域間格差への対応－今後の課題－

これまでみてきたように，わが国では政府間の財政移転によって地方自治体間の財政力の不均衡が是正され，どの地域でも一定の公共サービスを提供することを可能にしてきた。また，公共投資の地方圏への重点配分が地域の所得形

---

11) 小田（1992）や岡田ほか（1997）が指摘するように，全総計画が目標とした「地域間格差の是正」や「国土の均衡ある発展」は，必ずしも所期の目的を達成できたとはいえない。

12) GDPに占める公的固定資本形成の割合は，1955年において三大都市圏3.7％に対し地方圏6.1％，1975年で三大都市圏7.2％に対して地方圏10.7％，1995年で三大都市圏6.6％に対して地方圏12.5％，2003年で三大都市圏3.8％に対して地方圏7.5％と，一貫して地方圏の割合が高くなっている（金森久雄・香西泰・加藤裕己編『日本経済読本』，東洋経済新報社，2007年）。

13) 比嘉正茂「転換期を迎える地域経済」『NIRA政策レビュー地域再生の鍵』，総合研究開発機構，2009年。

第11章 地域間格差拡大とその対応

成や雇用の創出，ひいては地域間格差の是正に一定の役割を果たしてきた。しかし，こうした「地域間財政調整制度」や「公共投資の地方への重点配分」については，近年その問題点が顕在化しつつある。林(2006)は，「財源移転は国による地方のコントロール手段となると同時に，地方側のモラル・ハザード（倫理の欠如）による国への過大な要求と財政支出膨張の原因ともなり，財政責任を伴った地方行財政運営を妨げる恐れがある[14]」と指摘している。こうした国による地方のコントロールは，バブル経済崩壊後の「地域総合整備事業債」等でも顕著にみられており，中央政府による地方への財政誘導が地方行財政の自主的な運営を妨げている可能性がある[15]。

また，星野(2004)は，地方交付税が地方自治体間の財政力格差是正と財源保障のために大きな機能を果たしてきたとしつつ，その精緻な制度と機能のゆえに，地方自治体の自立に影響がなかったとはいえないと指摘している[16]。地方分権の動きが本格化するなか，地方の政策形成能力の向上とその実行力が喫緊の課題となっているが，こうした財政調整制度が「地方の自立する力」を妨げる要因の一つになっている可能性も否定できない。

公共投資の地方圏への重点配分については，地方圏の社会資本整備を充実させるとともに，当該地域の産業連関効果を通じてその地域の経済を下支えしてきたという点で評価できる[17]。しかしその反面，公共投資の重点配分が「公共事業に依存した経済構造を形成させた」との指摘もある。地方圏では公共投資関連予算の増減によって当該地域の経済状況が左右されるという「脆弱な経済構造」をもつ地域も少なくない[18]。いずれにしても，国と地方の財政が危機的

---

14) 林宜嗣「日本の地方財政について」『NIRA政策レビュー地方財政の課題』，総合研究開発機構，2006年。
15) 地域総合整備事業債は，当時の自治省が起債許可権を活用して地方自治体の単独事業を促したものである。地域総合整備事業債は，その元利償還に関わる費用の一部が「基準財政需要額」に算入されるという「交付税措置」が設けられたため，地方自治体の多くは地域総合整備事業債による単独事業を実施した。
16) 星野泉『分権型税制の視点』，ぎょうせい，2004年。
17) 地域経済における産業連関効果については，廣瀬(1999)を参照。
18) 地域経済の脆弱性と地方財政の問題については，前村(1996)を参照。

な状況にあるなかで,旧来のような公共投資による地域間格差是正政策は持続可能ではなく,また地場産業の育成や地域産業の創出といった観点からもこのような公共投資政策には限界がある。今後は各地域の創意工夫のもとで地域経済の活性化を図りつつ,公共事業に頼らない地域経済構造を構築する必要がある。

5 おわりに

　本章で検討した地域間格差是正政策が,わが国の経済社会の安定にとって重要な役割を果たしてきたことは論を俟たない。しかし一方で,地方分権や人口減少などわが国の経済社会の枠組みが大きく変化するなかにあって,中央政府によるこのような地域間格差是正政策が今後も有効なのかということについては,厳密な検討が必要である。

　地方分権の動きが本格化するなか,今後わが国では「国と地方の行財政関係をどのように再構築するのか」といった"国の形"にかかわる問題への対応が迫られよう。また,地方分権の推進が「地域間競争の結果としての格差」をもたらすことも十分予想される。こうした地方分権の時代に重視されるのは「結果の平等」ではなく「機会の平等」であり,したがって地域間格差への対応も「地域間格差の是正」を重視した政策から,「機会の平等」を担保しつつ地域の個性を活かした政策へと転換していく必要がある。中央集権から地方分権へ,ナショナル・ミニマムからローカル・オプティマムへという時代の転換期にあって,地域の個性ある発展を支えるための制度設計のあり方が模索されている。

ローカル・イシュー

第12章

地域活性化の取り組み

> 国は地域開発のための政策として,「全国総合開発計画」に取り組んできたが結果として必ずしも成功したとはいえない。そこで本章では,自治体による地域活性化政策だけではなく,地域住民の創意工夫により個性豊かでその地域の実情に合わせた活動やまちおこしを実現している市の事例を紹介してみる。

1 わが国の地域開発の経緯

わが国の戦後地域開発の経緯を概観すると,国土総合開発計画法の趣旨に基づいた全国総合開発の策定の指針を示しつつ,同時に経済社会の変化に応じた地域の活性化に取り組んできたことが理解できる。それでは,この全国総合開発計画の具体的内容をみてみよう。

① 1962(昭和37)年,池田内閣の時代の「全国総合開発計画」

高度成長経済への移行,過大都市問題,所得格差の拡大問題,所得倍増計画などの問題や変化を背景として,太平洋ベルト地帯構想を中心に投資が実施された。手法としては,工業開発拠点を適切に配置し,交通通信施設により周辺地域との交流を推進した。そして,地域の特性を活かしながら工業開発拠点の

波及効果による開発を進め，地域間における均衡ある発展を実現した。

② 1969（昭和44）年，佐藤内閣の時代の「新全国総合開発計画」

高度成長経済の推進，人口・産業の大都市への集中，交通・通信などの情報化・国際化を図る大規模開発プロジェクト方式・巨大大型工業基地による技術革新の進展などが実施された。手法としては，特に新幹線・高速道路などの交通ネットワークを整備した。それは過密と過疎の地域間格差を解消する目的があった。しかし，1973（昭和48）年の第1次石油危機を契機に公害，環境問題などが発症し，経済は深刻な事態に陥った。

③ 1977（昭和52）年，福田内閣の時代の「第3次全国総合開発計画」

約10年間にわたり安定経済成長期に入るとともに，人口・産業の地方分散の兆しが現れ，工場などは大都市圏から地方圏へ移行分散して地域の経済発展が進められた。また，国土資源，エネルギーなどの有限性の顕在化を背景とする政策が実施された。

手法としては，大都市への人口と産業の集中を抑制し，地方を振興することで過密と過疎の両問題に対処しながら，人間の居住環境の整備を図る方策がとられた。

④ 1987（昭和62）年，中曽根内閣の時代の「第4次全国総合開発計画」

人口・諸機能の東京一極集中，産業構造の急速な変化などにより，地方圏での雇用問題が深刻化した。その一方，国際金融機能の増大に伴う本格的な金融国際化の進展などについての政策が実施された。

手法としては，多極分散型国土を構築することを目的として，地域の特性を活かした，創意工夫による地域整備の推進，地域間の多様な交流の機会に着目した交流ネットワーク形成の構想などの方法がとられた。

⑤ 1998（平成10）年，橋本内閣の時代の「21世紀の国土のグランドデザイン」

地球時代（地球環境問題，大競争，アジア諸国との交流），人口減少・高齢化時代，高度情報化時代などの問題を踏まえた総合開発計画が打ち出されている。

手法としては，地域間の連携による国土づくりを図る手段を採用している。その戦略としては，多自然居住地域（小都市，農山漁村，中山間地域）の創造，大都市のリノベーション（大都市空間の修復，更新，有効活用），地域連携軸（地域連帯のまとまり）の展開，広域国際交流圏（世界的な交流機能を有する圏域）の形成などの方法がとられた。

このような総合開発計画は，主として歴史とともにその時代の流れを反映した地域総合の均衡発展となるような開発を行うことを目的としてきた。

しかし，これら数次の全国総合開発計画に沿って開発を実施しているにもかかわらず，東京圏などの大都市への一極集中とそれに伴う地域経済間の不均等発展などの問題が発生している。換言すれば，これは都市圏と地方圏との間における地域間格差が浮き彫りとなってきていることを意味する。

2 地域の活性化と地方財政

それぞれの地域では，住民が生活をしており，企業は生産活動を行っている。地域の経済発展にとって，その原動力となるものは地域で生活している納税力のある住民である。これらの地域で生活を営んでいる人々の生活基盤や生産活動を支えるために地方自治体の果たす役割は大きく，その一例として地域住民に道路や橋などの公共設備を提供していることなどがあげられる。地方自治体は，これらの公共設備を提供するためには資金が必要であることから，地域住民や企業から住民税や固定資産税などの地方税を徴収しており，さらに資金が必要な場合には地方債を発行して資金調達を行っている。

ところが多くの住民は，同じ地域に定住せず，よりよい生活を求め他の地域に転入や転出により移動している。また企業は，景気の動向によりオフィスや

工場を移転したりあるいは閉鎖したりしている現実がある。したがって住民も企業も安定的に定住している地域では一定の財源確保が可能であるが、住民の転出の多い地域や企業が撤退する地域では、財源が減少するなど両者の間で地域間格差が生じている。それゆえ、地域間格差を是正する目的と経済水準が低い地域でナショナル・ミニマムの達成ができない地域を援助するという目的をもって、国から補助金として地方交付税や国庫支出金などが交付されている。

しかし、バブル経済崩壊後の日本経済は全体的に不況となって、国の財政状況は急速に悪化した。その結果、雪だるま式に増加していった財政赤字が、現在では約943兆8,096億円にまで膨らんでいる。このような国の財政難のなかで、各地域に補助金を支出するのは困難な状況となっている。このような結果を受けて2000（平成12）年から施行した地方分権の観点から、市町村へ権限移譲をさらに推進することとなった。そして2002（平成14）年の小泉内閣の政権下での「基本方針2002年」において「三位一体の改革」が政府方針として初めて明示された。そこにおいて、地方行政改革については、これを強力かつ一体的に推進する必要性が強調された。まず、「地方にできることは地方で」という標語を掲げ、国の関与を縮小し、地方の権限と責任を大幅に拡大することが宣言された。それに伴い福祉、教育、社会資本などを含めた国庫補助負担事業の廃止・縮減を踏まえたうえで、国庫補助負担金、地方交付税、税源移譲を含む税源配分のあり方を「三位一体」の視点より検討することとなった。そして国と地方の役割分担を見直し、地方の自立に資するような姿、形を描く必要があると論じられた。

やはり地域を活性化するためには、ある程度の予算が必要である。実際、地域の予算を形成する税収は、住民税や固定資産税そして法人事業税などの地方税収である。この税収の源となるのは、人口数であり企業である。特に多数の人口流入は、その地域にとっていうまでもなくプラスの要因となると考えてもよい。いずれにしても、地域づくりに最も大きな影響を与えるのは、住民や企業の行う地域間移動である。それゆえに消費人口であれ生産人口であれ、人口数が増加することによる刺激を通じて、その地域は活性化され発展するのであ

第12章　地域活性化の取り組み

る。

　人口数の推移についてみると，首都圏への人口流入は1955（昭和30）年〜1970（昭和45）年ごろまでは毎年30万人〜40万人あった。またそれと同時に大阪圏，名古屋圏などの都市にも人口の大幅な転入があった。つまり，東京の一極集中というよりも三大都市圏への人口集中現象であったといってもよい。

　その後1980（昭和55）年から再び首都圏への人口流入が始まり，それはバブル経済直前の1987（昭和62）年にピークに達した。このころは東京の都心では地価の高騰などの影響により，都内の特別区よりも多摩地方や近隣県である千葉県，神奈川県，埼玉県などに人口が流入した。一方，名古屋圏ではわずかながら人口流入の増加傾向を示していたが，大阪圏では人口流入はむしろ低迷していた。

　バブル経済が崩壊し，21世紀に入るが，首都圏，特に東京の特別区では人口の流入傾向が進み東京都では約50万人，神奈川県では約30万人，埼玉県と千葉県では約10万人と，1都3県で約100万人が増加したこととなる。

　さらに詳しく人口数の推移を検討してみると，2005（平成17）年から5年間についての2010（平成22）年度の国勢調査によると，人口数が増加した都道府県は，東京都585,140人，神奈川県257,913人，千葉県160,657人，愛知県153,795人，埼玉県140,575人，大阪府45,730人，沖縄県30,909人，滋賀県29,911人，そして福岡県の22,896人のみである。それ以外の県では人口数の流出が発生しており，最も流出数の多い県としては青森県の63,318人，次いで福島県の62,255人，岩手県の59,504人があげられる。

　以上説明してきたデータなどからも理解できるように，各県の人口動向は依然として減少傾向にあり，若年層の転出，出生数の低下などが続いていることにより，極端な場合には無人化による集落の消滅という事態が予想される地域もある。特に農山村の衰退の背景には，若年層の流出が地域活力を低下させる主要原因となっている。このように地域づくりの夢，誇り，自信，自立性を失いつつある地域では，これらを取り戻すことが地域の活性化に向けて重要な課題となるであろう。

3 地域の魅力を反映させた活性化政策

　地域づくりの基本として，市町村レベルによる地域おこしと，都道府県レベルの地域政策の二つが不可欠である。しかし，あくまでも地域づくりの主体となるものは市町村である。1995（平成7）年施行の地方分権推進法や2000（平成12）年施行の地方分権一括法によって，地域おこしの主体が国から地方に移行しつつあり，その結果地域への関心が高まってきている。この点を反映して，現在，地域を活性化するために各地で自然的，歴史的，文化的，そして社会的な特色をもった地域の魅力を高める努力が行われている。すなわち「魅力ある町づくりや村おこし」が行われている。しかしその町づくりのための理念や具体的な目標，戦略や戦術などこれを実現するための手段については，地域によってさまざまである。

　さらに地方分権化されたことによって，日本各地で自分たちが生活している地域の活性化を通じて，さらに自立を図ろうとする動きもみられる。その動きは，自助努力によりその地域の将来を創造しようとする試みであることはいうまでもない。

　高度経済成長期からバブル経済崩壊までの景気が良好な期間，地方においてはゴルフ場の開発やリゾート地の開発などに関心が向き，通常人の入らない山奥の土地まで開発の手が伸びた。その結果，マンションの建設や別荘地の造成などを通じてその地域や周辺地域に地域外からの人々を呼び集めることとなり，それらは重要な経済効果をもたらしたとされている。

　しかし，バブル経済が崩壊した後の景気悪化とともに，これまで所有していたマンションや別荘地を売却しようとする人々もおり，閑散として衰退している地域が多くなっている。そのような各地域の地域再生にかかわる関係者は，他の地域での地域再生の成功例を参考とした方法を採用し，可能な限りの経済的な向上を通じた地域の再生のあり方を検討してきている。

　とはいえ，地域の魅力とは長い歴史を通して住民のたゆまぬ努力によって形

第12章　地域活性化の取り組み

成され定着してきたものであるから，これを守り育てると同時に，新しい魅力の創出に努めることも必要となる。また，地域づくりに成功しているところに共通している点は，その地域が優れたリーダーに恵まれていることが指摘されている。

例えば，市町村の首長を始めとして，地域の青年会議所，商工会議所などのリーダーや地元のボランティア団体などがしっかりした理念や目的をもっていることが大切である。さらにそれをサポートする仲間に恵まれていることで，その地域の人々の交流の輪が広がる。そのような状況のなかで，何か地域でイベントを行うにしても，このような人たちの力により多くの人を呼び集めて活気づけることができるのである。

ただここで一ついえることは，他の地域で成功したことでもそれを単に模倣しただけではその地域で成功するとは限らないことである。つまり，その地域に存在しない特色を他で成功したからという理由だけで無理に真似をするのではなく，自己の地域にある文化や資源に目を向け，それをどのように使用していくか，またどのように加工したら魅力や価値を高めることができるのか，市民や専門家を交えて慎重に検討することが必要となる。その理由は，日本人は「熱しやすく冷めやすい」国民性のため，せっかくブームに乗り成功しても長続きしないという例がこれまで多く見受けられたからである。あるブームを長続きさせるのは難しいことであるが，よい品物や経営努力をしているところでは，いつまで経っても飽きられることなく継続している。

例えば，地域社会ではないがディズニーランドやディズニーシーなどのテーマパークも，成功している典型例の一つとして注目されるべきであろう。

ここでの成功の魅力はその内容を分析してみると理解できる。他のテーマパークにはない，いつもその時代にマッチしたイベントやキャラクター，さらにアトラクションの増設などがあげられる。つまり，いつ来園しても幅広い年齢層の客を飽きさせない，再度来てみたくなるような四季に応じたイベントなど盛り沢山の企画をいつも発展させながら行っているからではないだろうか。さらにマスコミによる特集を利用して，遠方からの来園者を呼び寄せる効果も

上げている。

　このテーマパークの場合には，先に掲げたようなことから来園者やリピーターを呼び寄せることで活性化を試みていることが，1年中来園者で賑わいをみせている要因であるといえよう。

　このように考えた場合，地域の活性化の課題は，地域産業の振興，生活環境の整備，各種イベントの開催，地域間交流の促進などである。

　場所によっては人口以上に観光客で賑わうような地域やその地域にしかない特産物や農産物が産出するところもある。このように，その地域の自然条件，立地条件，そして歴史や文化などを考察し，それが持続的発展をするにはどのように利用したらよいかということを十分検討することが，その地域の活性化への成功につながるのである。

4 地域の特産物や農産物のブランド化による地域の活性化政策

　地域には，その地域の気候や風土などの自然条件に適合した特産物や農林水産物がある。昨今，多くの地域において，その地域の産品などを「地域ブランド」として販売する動きが活発になっている。特に農林水産物については，消費者は量や価格の安さのみならず，食への安全志向・高品質志向という観点から，生産者のこだわり，地域の特徴，特別な製法などの付加価値を付けたブランド化された物を重要視するようになっている。

　このようなブランド化の一つとして，地域の活性化に適用しやすいために各地方で多くの取り組みが行われている。農林水産物では，地域の自然条件のなかで育成される家畜や有機栽培される野菜・果物などがある。そして，このような農林水産物には地域名を入れた「○○牛」，「○○野菜」という地域ブランドを確立するための努力を行っている。

　また，地域には，特産物や農林水産物に関する独自の食文化がある。特に食品は，奥の深いこだわりをもった製造方法や調理方法などがあり，最近では情

報システムの発展，マスコミによる取材などにより消費者もそれを広く認識するようになっている。

したがって，特産物や農産物の地域ブランド化の取り組みは，他の産物などの競争力の強化に結びつけることによって，その地域の活性化にもつながるものである。それゆえに市町村においては，生産場所の現場に近いこともあり地域ブランドの取り組みを支援しており，個別の地域ブランドの取り組みに深くかかわっているところも多くある。

ブランド化することで得られる効果については，取り組み主体からみた効果と消費者からみた効果があるので整理をしてみる。

(1) 取り組み主体からみた効果
　① 地域の知名度の向上，それに関連して観光業，流通業と連携することで他の地域産業への貢献ができる。
　② 販路の拡大や価格の安定が実現することで地域企業の経営が安定する。
(2) 消費者からみた効果
　① 地域ブランドという信頼できる商品となる。
　② 地域の特産物として関心をもつようになる。
　③ 地域ブランドということで，生産者の顔がみえるための安心感から買ってみたいと思うようになる。

しかし，地域ブランド化の取り組みは，必ずしも成功しているわけではない。地域ブランドは地域の特徴を見出して生産体制を整え，商品化し，品質や名称管理をしながら販売していくというプロセスを経てつくられていくものである。しかし，単に名称やマークを付け，認証を受けること自体が，目的となってしまっている場合もある。このような場合，一時はブーム到来により成功したかのようにみえても，その後の販売戦略や品質・名称管理などの取り組みが不十分であり，長続きをせずに衰退してしまうこともある。

特に農林水産物は，その地域でつくられた産物の特徴を捉えたブランド化戦略を立てなければ，「地域ブランド」として成功を収めることは難しいのである。

5 茨城県（大洗町）と熊本県（芦北町）の事例研究

ここでは，特産物の異なったブランド化に関する二つの事例を取り上げて，地域の活性化について考えてみたい。

一つ目は，観光とともに力を入れて地域の知名度を上げ，さらにその地域で水揚げされる特産物をブランド化することを目的としている。そして，その特産物とその地域に訪れる観光客との相乗効果により町の活性化を図っている地域の例を論ずる。二つ目は，農産物はすでにブランド化しており，その地域の知名度を上げることを目的としているわけではなく，むしろそのブランド化した農産物を全国に広めようとしている地域の例である。

(1) 茨城県（大洗町）のケース

茨城県の大洗町は，人口約19,000人弱の港町である。この大洗町を含む北茨城では「アンコウ」という魚が捕れ，日本におけるアンコウ料理の発祥地といわれている。その結果，このアンコウ料理を食べに都内から多数の観光バスが来るようになり，現在では年間約500万人以上の観光客が訪問しているとされる。

地元の漁師にとってもアンコウは生活収入のためのお宝となり，漁港では高値で取引されている。しかし，アンコウは群れで生活しないためアンコウだけの漁は成立せず，他の種類の魚の漁でついでに捕れていた高級魚である。そこで，この地域では「アンコウ」のブランド化に取り組んでいる。しかし，アンコウのブランド化にはブランド規格[1]制約があり，大洗町ではその規格に該当しないことからブランドには指定されていない。ちなみに茨城県では，「茨城アンコウ」がブランドに指定されており，茨城県沖で捕れた2kg以上のア

---

1) 「5トン以上船底びき網業者」の規格であるが，大洗港では，5トン未満の漁船が主力。

第12章 地域活性化の取り組み

ンコウはこの「茨城アンコウ」のブランド名が付けられ，タグを付けて出荷されている。

ただし，漁を行っている海域は，茨城アンコウの漁場とほぼ同じ漁場のため，大洗町産のアンコウも人気は高い。

アンコウ料理のなかでも，アンコウ鍋，アンコウのステーキ，アンコウのから揚げ，味噌仕立ての郷土料理「どぶ汁」，酢味噌で食べる「とも酢和え」などがあり，その他，たい焼きをアンコウの形にした「餡香焼き(アンコウ)」という食品をつくり，1日に約800個も売り上げたことがある。大洗町では，町全体として自治体，住民，企業が一丸となって地域活性化のために努力をしている。

その成果として，図表12－1に示すとおり，年間大洗町を訪れる観光客数は200万人を超え，2006（平成18）年以降は500万人を超すようになった。茨城県のなかで最も観光客が訪れる町であり，水戸市やつくば市よりも観光客の数が多いのである。

図表12－1　大洗町の入り込み客数の推移

(単位：人)

	1998年度(平成10年度)	1999年度(平成11年度)	2000年度(平成12年度)	2001年度(平成13年度)	2002年度(平成14年度)	2003年度(平成15年度)	2004年度(平成16年度)
日帰り客	1,987,500	2,424,400	1,812,900	1,563,500	3,803,100	3,587,700	3,528,600
宿泊客	466,200	990,200	705,000	805,500	619,100	584,000	882,100
合計	2,453,700	3,414,600	2,517,900	2,369,000	4,422,200	4,171,700	4,410,700

	2005年度(平成17年度)	2006年度(平成18年度)	2007年度(平成19年度)	2008年度(平成20年度)	2009年度(平成21年度)	2010年度(平成22年度)
日帰り客	2,765,700	4,438,300	4,369,400	4,388,000	4,429,200	4,378,100
宿泊客	971,700	1,401,600	1,305,200	1,237,600	1,153,800	1,166,700
合計	3,737,400	5,839,900	5,674,600	5,625,600	5,583,000	5,544,800

出所：大洗町商工観光課『大洗町入り込み客数』大洗町役場　2011年12月20日より作成。

大洗町は冬の観光だけでなく，夏の観光としては遠浅の海水浴場があり，サーフィン，ヨット，潮干狩り，海水浴などの海のレジャーが楽しめ，8月だけでも観光客数は約80万人にも及んでいる。その他，温泉も出ており，日帰りの大型入浴施設も建設されたことから年間を通して観光客で賑わいをみせてい

る。

　この地域の事例のように，地域外から来る観光客にその地域の良さ，町全体をPRすることで活性化を図ることも大切であり，人口の250倍以上の観光客による経済効果は相当あると考えられる。

　ただこの地域の場合は，リピーターとなる観光客を減少させないようにするための工夫が必要となる。したがって，地域独自のイメージアップ，品質管理，ブランド指定にならなかった大洗町産アンコウの料理方法など，今後さらに改善や工夫，進歩となる研究が重要な課題となるであろう。

(2) 熊本県（芦北町）のケース

　熊本県の芦北町は人口約21,000人の町であるが，2005（平成17）年に平成の市町村合併により，田浦町と葦北町とが合併して芦北町となった地域である。総面積の約80％において緑豊かな山々が連なり，気候は温暖なため，甘夏みかんやデコポンの産地として最適な環境に恵まれたところである。

　「デコポン」とは商標名であり，温州みかんとネーブルオレンジから生まれた清見にさらにポンカンを掛け合わせて，1972（昭和47）年に長崎県にある農林水産省果樹試験場にてつくられたものである。しかし，外見上の弱点が目立ち品種登録はされずに，熊本県の不知火町で品種名を「不知火」として栽培の取り組みが始まった。なぜならば，この地域は古くから甘夏の産地として知られており，甘夏に代わる柑橘を模索していたという事情も重なったからである。不知火のなかで糖度13度以上と酸についての厳しい基準をクリアしなければ，「デコポン」とは名乗れないことになっている。また，デコ[2]が現れやすい，果面が粗く果皮色が淡い，果形の不揃いなど外観上の理由から，長い間市場に出回ることがなかった。

　しかし，1991（平成3）年より糖度が高く食味が良いことから熊本県の果樹指導者会議で優秀性が認められ，広く普及されることとなったのである。

---

2) 果実のへたの部分に丸く突起ができることから「デコ」といわれている。

第12章　地域活性化の取り組み

　1993（平成5）年7月に熊本県果実農業協同組合連合会が出願していた「デコポン」の登録商標が認可され，「デコポン」としてブランド化され出荷されるようになった。
　当初は熊本県産の「不知火」以外には「デコポン」の名称を付けることが禁止されていたことから，他県の「不知火」には「ヒメポン」（愛媛県），「キヨポン」（広島県），「フジポン」（静岡県），「ラミポリン」（鹿児島県），「ポンダリン」（徳島県）など別名が付けられ，市場や消費者の混乱を招く結果となった。
　このため，関係機関で協議をした結果「デコポン」と名称を統一することとなり，熊本果実連と日本園芸農業協同組合連合会との間で商標権使用許諾契約が締結されたのである。これにより，「デコポン」の名称が全国統一ブランドとして幅広く普及していったのである。
　この町の農協では聞くところによると，すでにブランド化している「デコポン」によりこの町の知名度を上げ特産物とするだけではなく，日本全国で「デコポン」という商品を広めて1人でも多くの人たちに「デコポン」を食べてもらうことを目的としているようである。
　それ以外には芦北地域の特性資源を活用してデコポンジュース，デコポンゼリーをつくり，その後，ジャムやマーマレード，キャンディー，プリンなどと加工商品を増やしている。なお，最近では芦北地域の活性化および芦北地域の食・食材の情報発信の拠点として，地域内外への波及効果を図るために，JAあしきたファーマーズマーケット「でこぽん」を出店した。そこでは，①加工機能（芦北牛，デコポン，サラダ玉ねぎなど地域の特産物を活用した加工品の製造販売），②直売機能（安全・新鮮を売りに芦北牛，サラダ玉ねぎを中心とした特産物の販売），③食の提供（芦北牛，新鮮果実，地元農産物を活用した食の提供）を三つの柱としている。
　そして，芦北町物産館「肥後うらら」やファーマーズマーケット「でこぽん」などの直売所やレストランでは，県内外の観光客を中心として年間入館者数が2007（平成19）年度の約326,000人から2010（平成22）年度には約480,000人へと増加している。

さらに，芦北町では大関米やサラダ玉ねぎなど農産物を地域ブランド化し，販売を拡大した。このように農林水産資源を活かした新たな起業化推進，加工品などの推進，農業などを通じた定住化の推進など農業を基幹産業とした発展をとげている。現在では，ここで販売している加工品は68種類となり，そのなかでも特産の「デコポン」を使ったゼリーやサラダ玉ねぎのドレッシングなどは人気が高く，2011（平成23）年4月から6月末までの3ヵ月間で約2,000万円を売り上げている。

　その他，芦北町では観光地として温泉や保養施設が第3セクターにより経営されており，整備管理も行き届いていることから県内外の観光客に人気がある。

　図表12－2で示すように，日帰り客は年間約150万人以上がこの町を訪れており一応安定はしているが，2004（平成16）年以降宿泊客が減少傾向を示している。

図表12－2　水俣・芦北地域の観光客数

（単位：人）

	1999年度 （平成11年度）	2000年度 （平成12年度）	2001年度 （平成13年度）	2002年度 （平成14年度）	2003年度 （平成15年度）	2004年度 （平成16年度）
日帰り客	1,642,900	1,525,400	1,506,200	1,422,900	1,528,700	1,620,500
宿泊客	259,000	220,100	220,800	225,600	207,400	179,200
合　計	1,901,900	1,745,500	1,727,000	1,648,500	1,736,100	1,799,700
	2005年度 （平成17年度）	2006年度 （平成18年度）	2007年度 （平成19年度）	2008年度 （平成20年度）	2009年度 （平成21年度）	2010年度 （平成22年度）
日帰り客	1,548,700	1,617,100	1,438,500	1,510,700	1,812,733	1,751,451
宿泊客	178,400	151,900	142,400	142,100	128,745	113,849
合　計	1,727,100	1,769,000	1,580,900	1,652,800	1,941,478	1,865,300

出所：熊本県HP『熊本県観光統計表』熊本県観光課（2011年12月10日アクセス）。

　新幹線や高速道路ができ交通の便が良くなったことで，宿泊しなくても日帰りができるようになったからである。

　この町では，自然だけでなく農業体験や漁業体験など旅行者が参加できるプログラムを取り入れ，地域の魅力を最大限引き出すための創意工夫やデコポンの町として色々な催しやイベントを開催して，観光客が立ち寄りやすい雰囲気

づくりを行っている。

　以上の二つの事例のように地域を活性化するには，農業では品種改良，新作物の導入，生産性の向上，特産物などのブランド化など，さまざまな取り組み方法がある。また，財政面においては人口数が重要であり，それは消費人口としての観光客や進出企業などの生産人口のどちらでもよいと考えられるが，その人口数が多いか少ないかでその地域の経済効果が大きく左右され，地域の発展に影響を及ぼす可能性がある。

　いずれにしても，その地域の行政，住民，企業，研究機関などで何を目玉とするか，それを持続するにはどうすべきか，ということを地域の特色と照らし合わせて十分に時間をかけて考え，検討したうえで失敗のないように実施すべきである。

ローカル・イシュー

第13章

危機管理の課題と今後の展開

> 本章は、わが国における危機管理・防災政策について、その枠組と財政的課題について考えていきたい。南海トラフ地震などの巨大災害が懸念される一方で、財源不足や少子高齢化などの社会経済環境の変化も発生している。「いのち」を守るためには、効率的で効果的な政策運営がより重要になっている。

1 はじめに

　2011年3月11日に発生した東日本大震災は、東北地方の沿岸部を中心として、津波や地震による大きな被害をもたらした。人的被害は死者15,859人、行方不明者3,021人にのぼり、建物被害は全壊が129,869戸、半壊が258,348戸、また道路の損壊や橋りょう被害も各地で発生した[1]。経済的な被害に関しては、社会資本・住宅・民間企業設備などのストックへの被害額が、16兆〜25兆に及ぶとの推計がなされている[2]。そして、この地震・津波被害に起因する原子力発電所の事故も発生した。東京電力福島第一原子力発電所の全電源が、津波の被

---

1) 警察庁「東日本大震災について：被害状況と警察措置（平成24年5月23日）」、警察庁サイト＜http://www.npa.go.jp/archive/keibi/biki/index.htm＞（アクセス：2012年5月24日）

害により喪失したことにより，原子炉内の冷却機能が損失，炉心の溶融に続き水素爆発が発生し，屋外に放射性物質が飛散する事態となった。避難指示区域からの避難者数は11万3千名にのぼり，この原発事故による経済的な被害も広範囲の地域に及んでいる[3]。この災害は，危機管理・防災政策の重要性と難しさを再認識させることとなった。

危機管理・防災政策には，各市区町村（基礎自治体），都道府県（広域自治体），そして中央政府の府省庁がさまざまな形で関与している。各レベルの行政組織は，災害・非常事態に関する所掌業務を担当することとなるが，それら業務は多くの場合，他の組織の業務と関連し合い，連携や調整を要する。例えば，被災者の救助活動にあたった，自衛隊・警察・消防組織についてみてみると，自衛隊の災害派遣は政府レベルの防衛省の所管である一方，警察本部は各都道府県レベルに設置されている（災害時の広域的な活動は，警察庁が調整を行う）。そして，消防組織は，基礎自治体や事務組合によって運営されている事例が多い（広域的な活動は，消防庁が調整を行う）。平時における，基礎自治体レベルでの危機管理・防災政策をみてみても，それらは都市計画や社会インフラ整備，教育政策，広報活動，住民参加など，他の政策や業務と密接に関連性をもっている。危機管理対応を，効率的，効果的に実施するには，各種政策の策定や予算配分における，総合的な調整が重要なポイントとなる。

本章では，自然災害への対応を中心に危機管理の問題を，総合的な政策・財

---

2) ストック（社会資本・住宅・民間企業設備）への影響についての推計。原子力発電所災害による被害は含まれていない。

3) 内閣府「月例経済報告等に関する関係閣僚会議震災対応特別会合資料－東北地方太平洋沖地震のマクロ経済的影響の分析－（平成23年3月23日）」，内閣府サイト＜www5.cao.go.jp/keizai/bousai/pdf/keizaitekieikyou.pdf＞（アクセス：2012年5月24日）。内閣府「東日本大震災における被害額の推計について」，内閣府サイト＜www.bousai.go.jp/oshirase/h23/110624-1kisya.pdf＞（アクセス：2012年5月24日）。内閣府「（資源エネルギー庁基本問題委員会第10回（2012年2月1日）会議提出資料）原子力被災者への取組について（平成24年2月）」，資源エネルギー庁サイト＜http://www.enecho.meti.go.jp/info/committee/kihonmondai/10th/10-7.pdf＞（アクセス：2012年5月24日）

政運営という観点から考えてみたい。

❷ わが国の中央・地方レベルにおける危機管理・防災政策と財政措置

(1) 国レベルでの危機管理・防災政策と財政措置

わが国における防災政策は，内閣府に設置されている中央防災会議において，防災の基本計画の作成や，防災に関する重要事項の審議が行われることとなっている。同会議は，内閣総理大臣をはじめとする全閣僚，指定公共機関の代表者および学識経験者により構成されている。また，内閣府の政策統括官（防災担当）が，防災に関する基本的な政策，大規模災害発生時の対処に関する企画立案および総合政策を担当している。防災政策において，内閣府は，政策の企画・調整を担当しているが，具体的な政策・業務の実施の多くは，各省庁の所管となっている。わが国の防災政策は，大きく以下の六つの分野から構成されている：(1)法令の整備等，(2)科学技術の研究，(3)災害予防，(4)国土保全，(5)災害復旧等，(6)国際防災協力。**図表13－1**「平成23年度の防災関連予算額の集計表」をみてみると，それぞれの分野ついて，各府省庁に予算配分がなされていることが概観できる。

特に予算額で目立つのは，国土保全事業における国土交通省と農林水産省への配分額である。これは，国土交通省が，水害・土砂災害への対応を目的とした治水事業を所管していることによる。具体的には，同省は，堤防や水門，ダム等の河川施設の構築や維持管理，改修工事などを行っている。また，農林水産省は，山地災害の発生への対策として治山事業を所管している。わが国は，その地理的条件により，昔から大規模な水害に見舞われてきた。災害対策の中心的法律である災害対策基本法（1961年施行）も，1959年に発生し5,000名以上の死者・行方不明者を出した伊勢湾台風による被害を教訓に制定されている。国土保全事業は，明治政府の誕生とともに，近代的な技術を導入し，長期的，継続的な整備が進められてきた。近年の財政悪化に伴い，公共事業に対す

図表13-1　平成23年度防災関係予算額等集計表[4]

(単位：百万円)

府省庁名／区分	科学技術の研究	災害予防	国土保全	災害復旧費	計
内閣府	7	3,801		609	4,417
警察庁		3,484			3,484
総務省	495	30			525
消防庁	439	10,439			10,878
法務省		14,021			14,021
外務省		268			268
財務省		9,284		78,346	87,630
文部科学省	4,277	8,606		602	13,485
文化庁		89			89
厚生労働省		14,821		720	15,541
農林水産省		1,173	95,145	129,147	225,465
経済産業省		3,388	2,483		5,871
国土交通省	1,657	44,210	577,208	44,958	668,033
気象庁	1,048	21,957			23,005
海上保安庁	116	72,002			72,118
環境省			14	200	214
防衛省		1,113		118	1,231
合計	8,039	208,686	674,850	254,700	1,146,275

る厳しい目が向けられているが，治水治山事業が災害の抑制に果たしてきた役割にも配慮をすることが必要であろう。

　また，災害予防分野においては，各省庁に予算が配分されている。具体的な使途としては，各府省庁における教育訓練，防災施設設備の整備，広報・啓発活動等にあてられている。海上保安庁では，この分野における予算の大半が巡視船艇・航空機の整備等にあてられている。

　なお，平成23年度の当初予算は，2011年3月29日に成立しており，東日本大震災への対応についての措置はなされていない。大規模災害等の発生時には，

4）　内閣府『平成23年度版防災白書』(内閣府, 2012年), 293頁。

予備費が使用されるほか，補正予算によりその財政措置がなされる。また，公共事業については社会資本整備事業特別会計からの措置もなされる。平成23年度の一般会計についてみると，第4次まで補正予算が成立したが，特に第3次補正予算では，東日本大震災関連経費として11兆7,335億円が計上された。さらに，2012年2月の復興庁設置とともに，平成24年度予算から，東日本大震災復興特別会計が創設され，復興に係る財政措置が行われることとなった。

(2) 都道府県レベルでの危機管理・防災政策と財政措置

都道府県レベルでの自然災害への対策の基本は地域防災計画となる。この計画は，災害対策基本法の規定に基づき，国の防災計画に則った形で，各都道府県の防災会議が作成することとされている。計画の基本的な構成は，基本対策編（または地震対策編）と各種災害編，資料編という形になっている。各種災害編では，各地域の特性に合わせ，風水害編や原子力災害編等が作成されている。大規模な災害が発生した際には，知事を本部長とした災害対策本部が設置される。

各自治体には，危機管理・防災担当部局が設置されており，自然災害対策等に関する政策の企画，立案，実施を担当している。しかしながら，上述の国における防災関連事業の実施と同様に，企画部門や土木部門，農林水産部門などが実施する事業においても，防災対策と密接に関連するものが多く存在している。

財政面においても，防災関連予算は，各部局の関連事業に配分されている。また，災害発生時には，その対応や復旧・復興のための措置が必要となる。例えば災害救助法では，災害発生時の「救助に要する費用（救助の事務を行うのに必要な費用を含む。）は，救助の行われた地の都道府県が，これを支弁する。」と規定されている[5]。必要に応じて医療，土木建築工事や輸送関係者への協力命令を発し，それに要した費用も，都道府県の負担となる。しかしながら，同法

---

5) 災害救助法第33条

の36条にて，その費用額と各自治体の財政状況に応じて，100分の50以上が国庫負担になると規定されている。実際には，残る地方負担分についても，災害対策債（充当率100％，交付税措置95％）により対処することとされている[6]。災害時に都道府県が支弁することとされている費用の多くは，「激甚災害に対処するための特別の財政援助等に関する法律」等により，国庫負担による財政支援の制度が整備されている。

　上記のとおり，わが国の災害復旧事業に係る経費は，国が高率で負担する仕組みとなっている。これは，災害が「地域的・時間的に極めて偏って発生し」，「これを個別の公共団体のみで負担することは困難または非効率であり，国の支援が不可欠」であるという考えに基づく[7]。しかしながら一方で，復興事業等において，地方自治体が独自の被災者支援等の取り組みを行う際には，当該費用の全額が，都道府県の支弁となる場合もある。その財源としての地方債の発行や，事業税等の税収入の落ち込みなど，大規模な災害発生後には長期的な財政状況の課題に直面する事例が多い。

(3)　市区町村レベルでの危機管理・防災政策と財政措置

　市区町村レベルでの自然災害への対策の基本も，都道府県と同様に地域防災計画となる。同計画は，災害対策基本法の規定に基づき，国および都道府県の防災計画に則った形で，各市区町村の防災会議が作成することとされている。計画の基本的な構成は，都道府県と同様に基本対策編（または地震対策編）と各種災害編，資料編という形になっている。各種災害編では，より各地域の特性

6）　総務省「東日本大震災への対応に係るＱ＆Ａ（地方行財政関係）（平成23年6月10日）」，総務省サイト＜http://www.soumu.go.jp/main_content/000117828.pdf＞（アクセス：2012年5月24日）。

7）　国土交通省「災害復旧事業（補助）の概要」，国土交通省サイト＜http://www.mlit.go.jp/river/hourei_tsutatsu/bousai/saigai/hukkyuu/ppt.pdf＞（アクセス：2012年5月24日）。上記資料によると，1949年に行われたシャウプ勧告において，「天災は予知できず，緊急莫大の費用を必要とさせるものであるから，天災の勃発は罹災地方団体の財政を破綻させることになる。」との記述がある。

に合わせた構成が行われ，工業地帯の自治体では大規模事故編が作成されている事例もある。大規模な災害が発生した際には，首長を本部長とした災害対策本部が設置される。

　各自治体には，危機管理・防災担当部門が設置されており，災害対策等に関する政策の企画，立案，実施を担当している。小規模な自治体によっては，総務部門の職員のうち数名が，防災業務を他の業務と兼務している場合もある。また，上述の国，都道府県と同様に，他部門が実施する事業においても，防災対策と密接に関連するものが多く存在しており，そのすり合わせが必要となる。

　財政面でも，国や都道府県と同様に，防災関連予算は，各部局の関連事業に配分されている。基礎自治体レベルの災害対応は，自治体の規模や財政状況により，施設や備品の整備状況に差が生じているのが現状である。東日本大震災の発生を受け，補正予算等で基礎自治体の防災設備への補助が一部行われることとなったが，小規模な自治体のなかには，防災担当専属の職員配置が困難な事例もあり，課題が残っている。災害発生時には，災害廃棄物（がれき）の処理にかかる費用の一部や，仮庁舎の建設費用の一部などは基礎自治体が負担することとされている。しかしながら，東日本大震災では，被害の規模が甚大であったため，「東日本大震災に対処するための特別の財政援助および助成に関する法律」に基づき，国による補助率の嵩上げが行われることとなった。例えば，災害廃棄物の処理については，補助率の嵩上げとともに，残りの地方負担分についても，特定対象区域内の自治体については，全額を国の負担とすることとされた。しかしながら，上述の都道府県における事例と同様に，大規模な災害の場合，復興施策のための地方債の発行や，固定資産税等の税収入の落ち込みにより，長期的な財政負担が発生する可能性がある。

3　危機管理政策の効率的な運営

　危機管理政策の実施には，国，都道府県，市区町村がそれぞれの役割を担うとともに，各行政組織内の多くの部署が，実際の業務を所掌している。そのた

め，危機管理政策の効率的，効果的な運営には，政策や予算の総合的な調整が必要となる。本項では，危機管理政策について，その議論の展開を概観するとともに，危機管理に関するモデルを用いながら，行政組織による危機管理について考察を行いたい。

(1) 防災から危機管理へ

上述のとおり，わが国における災害対策の基本的な枠組みは，1959年に発生した伊勢湾台風を契機として制定された，災害対策基本法を中心として整備されてきた。同法は，10章からなり，以下の三つの構成に分けられる：①防災に関連する組織や役割を明らかにし，防災計画を規定，②防災に関連する組織の役割や権限を規定，③財政金融措置と災害緊急事態に関する規定。同法において，災害は次のように規定されている。

一．暴風，豪雨，豪雪，洪水，地震，津波，噴火その他の異常な自然現象
二．大規模な火事若しくは爆発その他その及ぼす被害の程度においてこれらに類する原因（放射性物質の大量の放出，多数の者の遭難を伴う船舶の沈没その他の大規模な事故）

この法律が，自然現象のみならず事故についても災害と位置づけているのは，災害関係の基本法としての性格をもつことによる。1961年の施行以降，日本の防災政策は，中央政府から地方自治体にいたるまで，この災害対策基本法に基づいて実施されてきた。

しかしながら，1995年に発生した阪神・淡路大震災以降，行政組織の災害への対応能力に疑問が投げかけられ，従来の「防災」という考え方に加えて，「危機管理」という言葉が用いられるようになった。1996年11月に設置された行政改革会議においても，議題の一つとして内閣の危機管理機能の強化が上がり，翌1997年5月に「内閣の危機管理能力強化に関する意見集約」が発表された。また，同年12月の「最終報告」のなかでも，内閣官房の基本的機能の一つ

として危機管理があげられ、1998年には、内閣危機管理監と内閣安全保障・危機管理室が設置された[8]。その後、2001年の省庁再編によって、内閣安全保障・危機管理室は廃止され、内閣官房副長官補のうちの1名が安全保障・危機管理担当として設置された。このような国レベルでの動きに連動して、都道府県や市区町村レベルでも、危機管理担当の専門幹部を配置する団体が増加してきている[9]。また、従来の防災部門の名称に、危機管理という言葉を用いる事例も増加傾向にある。行政組織における取り組みに共通する認識は、災害への取り組みを統合的に管理し、より迅速な対応を目指すということである。

なお、危機管理という言葉がメディア等で用いられるようになったのは、1970年代後半の第2次オイル・ショック以降である。当初、危機管理という言葉は、貿易問題や防衛・軍縮問題など、国際的な課題と関連して用いられていた。その後、自然災害や事件等に関連させる形でも、使用されるようになってきた。しかしながら、「危機管理」という言葉が、一般的に用いられるようになるのは、1995年に発生した阪神・淡路大震災以降である。雑誌記事索引データベースにて、「危機管理」を含む記事の数の推移を調べてみると、同年以降急激にその数が増加している[10]。現在では、災害対策から学校の防犯、民間企業の各種安全対策まで、さまざまな取り組みおいて「危機管理」という表現が用いられるようになってきている。それに伴い、行政組織が対応を行う非常事態の対象も拡大している。

---

8) 日本の法令用語として、「危機管理」が初めて用いられたのは、1998年3月に成立した、「内閣法等の一部を改正する法律」である。
9) 総務省消防庁「地方公共団体における総合的な危機管理体制の整備に関する検討会平成20年度報告書（市町村における総合的な危機管理体制の整備）」及び「地方公共団体における総合的な危機管理体制の整備に関する検討会平成19年度報告書（都道府県における総合的な危機管理体制の整備）」、消防庁サイト<http://www.fdma.go.jp/neuter/topics/houdou/2103/210326-7houdou-r2.pdf>（アクセス：2012年5月24日）。
10) 雑誌記事検索データベース「マガジンプラス」を使用。また、国会会議録検索システム<http://kokkai.ndl.go.jp>にて「危機管理」という単語を検索すると、1978年からの5年間に17件、1983年からの5年間で75件、1988年からの5年間で87件、1993年からの5年間で414件、1998年からの5年間で千件以上に増加している。

(2) 行政組織と危機管理

アメリカの行政学における危機管理研究の第一人者であるウィリアム・L・ウォー（William L. Waugh）は，危機管理を以下のように定義している。

　危機管理（Emergency Management）とは，リスク管理が基本であり，社会が，自然や人がもたらす危険リスクと共存し，それらがもたらす災害に対処できるよう備えることである。危機管理は，政府の役割だけにとどまるものではなく，個人もその生命や財産，家族や隣人の安全を守る責任を負う[11]。

また，中邨は行政組織における対応を念頭として「不測事態の発生に備えて，あらかじめ組織を整備し，人事の配置を考え，それらにあわせて権限の配分などを決めておくのが，危機管理の基本である」と指摘している[12]。

行政組織の危機管理では，通常，以下の三つの原則が前提として議論がなされる：①危機管理における最大の優先課題は「人命の救助」である，②災害対応の第一義的主体（ファースト・レスポンダー）は被災したコミュニティや基礎自治体である，③行政組織の危機管理においては，関係者間の連携と調整が重要となる。特に，二つ目の原則は，被災地の状況は，現地の人々や行政組織が一番把握しているとの考えに基づいている。災害の規模が大きく基礎自治体レベルでは十分な対応が行えない際には，上位レベルの自治体が支援を行い，より深刻な事態の場合には中央政府が支援を行うというのが，多くの国に共通する災害対応システムである。わが国における防災制度も，基礎自治体による対応を前提に，災害の規模と被害状況に応じて，広域自治体や中央政府が対応にあたる制度設計がなされている。

---

11) Waugh, William L. Living with Hazards. Dealing with Disasters. New York: M.E.Sharpe, 2000, p. 3.
12) 中邨章「危機管理とはなにか」，中邨章編『行政の危機管理システム』（中央法規，2000年），3頁。

(3) 危機管理への包括的アプローチ：危機管理の４段階モデル

1970年代後半，アメリカにおいて災害対策のためのシステムの共通化が必要であるとの認識が広がり，1978年に全米知事協会（National Governors' Association）が「包括的危機管理アプローチ（Comprehensive Approach to Emergency Management：CEM）」というモデルを，関係者間で共有する必要性を唱える報告書を発表した。このアプローチでは，災害の発生前から発生後までの期間における，危機管理の取り組みを，４つの段階に分類し，それぞれの段階において行うべきことが規定されている。この考え方は，「危機管理の４段階モデル」として，実務家や研究者の間で広く用いられている（図表13－2）。危機管理政策の全体像を把握する際に，非常にわかりやすく，有用なモデルである。このモデルでは，危機管理には，災害発生前の①減災策（Mitigation），②事前準備（Preparedness），災害発生時の③応答性（Response），災害発生後の④復旧性（Recovery）という，四つの段階があるという考え方が示されている。

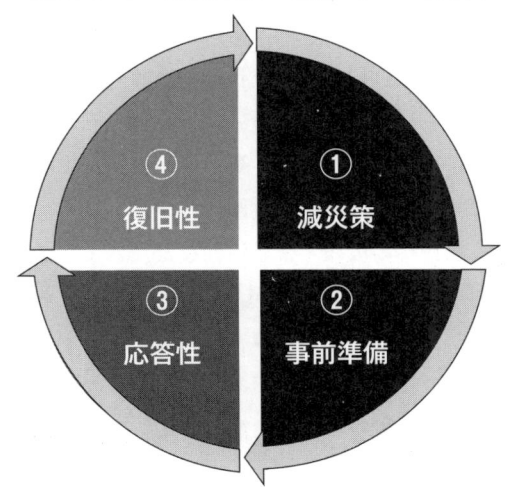

図表13－2　危機管理の４段階モデルの概念図

①減災策　②事前準備　③応答性　④復旧性

「①減災策」の段階では，社会の財産，安全，健康に対するリスクが存在すると認められた場合に，何をなすべきかを決定し，そのリスクを軽減するための計画が実行される。災害が発生した際に，その被害が低減されるための備

えや取り組みが求められる。具体的な方策としては，例えば水害を例にすると，まず，対象地域の降雨量や，地形や河川設備の状況から，どのような危険があるかを評価する。そして，その評価に基づき，必要に応じ，川の水量の急激な増加を防ぐためのダムの建設や，川の水量が増加した場合に備えて堤防や水門を設置する。同様に，公害の問題に対しては，その発生を抑止するための浄水場の設置や有害物質排出防止施設の建築が行われる。減災策の取り組みには，費用と時間がかかるものが多い。また，他方では，土地利用規制，建築規制，災害保険計画の実施など，法令や制度により，人や物の動きや構造をコントロールし，発災時の被害低減を目的とする，費用が比較的かからない取り組みも含まれる。近年，先進国の国々では，設備や施設の建設に一定のめどがついたことと，財政的な問題から，規制や計画を中心とした施策に重点が置かれるようになってきている。

「②事前準備」の段階では，非常事態発生時の対応計画を作成し，指揮・連絡系統や方法を事前に決定し，関係者への周知を行う。また，災害対応における各種業務の所管を決め，担当組織間および組織内における役割や責任に関する調整と合意の取り付けが行われる。さらに，計画内容の精査と関係者の教育を目的とした災害対応訓練等を実施する。この段階の取り組みでは，非常事態への対応能力の向上に重点が置かれる。事前準備の取り組みは，防災計画の作成にのみ焦点があたりがちであるが，計画に基づいたコミュニケーション手段の構築やその検証，市民への広報・啓蒙活動など，さまざまな業務が存在する。

「③応答性」の段階では，災害発生時に，被災者の救助や援助を行い，想定される二次災害の予防，復旧計画への障害の除去を実施する。この段階の作業は，一般の人々の目に直接触れるものであり，通常，危機管理の中心的業務として捉えられる。自衛隊や警察，消防組織による救出活動や支援活動が行われ，メディアによる詳細な報道がなされる。しかし，減災策，事前準備の段階で，十分な備えがなされていなければ，非常時に効率的な対応を行うことは困難になる。このモデルでは，災害への対応を時系列で捉え，その関連性を示すことで，災害前の取り組みの内容が，災害発生時の対応能力に影響を及ぼすことを

「④復旧性」の段階では，まず，災害発生直後から，被害者に最低限の社会生活を保障するための迅速なライフライン復旧作業を行う。そして，人々が通常の社会生活が復帰するまで，継続的な援助を行う。大規模な災害からの社会の復旧には，多くの時間とコストがかかる。東日本大震災の場合，多くの自治体の復興計画は10年間を区切りとして作成されている。この復旧性の段階では，物質的支援だけではなく，被害者や作業要員に対する健康面・精神面へのカウンセリング，経済面に関する相談や支援という作業も含まれている。特に，近年では，被災者や関係者の精神的ケアの重要性が指摘されている。また，災害において発生した課題の検証作業もこの段階で実施され，その教訓が，減災策や事前準備段階の取り組みに反映される。

危機管理の取り組みは，その内容が多岐にわたるのと同時に，各段階が密接に関連している。わが国の災害対策は，さまざまな大規模災害の教訓に基づいて，修正・発展がなされてきた。しかしながら，取り組みの各段階の連結，特に省庁間や中央政府・地方自治体間での連携や調整には，まだ改善の余地があると思われる。効率的かつ効果的に行政資源（人・モノ・金）の配置を行い，災害への備えをより充実させていくことが必要であり，このモデルは，そのための知識や経験，課題を関係者間で共有するための足掛かりとなるであろう。

4 危機管理・防災政策における財政的課題

社会や環境，人々の意識の変化に伴い，危機管理の対象や行政の取り組みの内容にも修正が必要となる。本項では，それらの変化がもたらす財政的課題について，考えてみたい。

まず，社会の変化に目を向けると，わが国では人口の減少が始まり，少子高齢化が進行している。また，都市部への人口移動が進み，地方の過疎化が課題となっている。さらに，地縁に基づくネットワークの希薄化や単身世帯の増加が指摘されてきている。このような変化は，行政活動を支えてきた自治会や町

内会，自主防災組織の活動にも影響を及ぼしている。一方で，新たな技術の登場も，社会に変化を及ぼしている。情報化が進み，一度に大量の情報が扱えるようになり，既存のメディア以外の手段による情報の送受信が可能となった。また，グローバル化の進展により，人やモノ，情報が，短時間で世界中を駆け巡る。行政の情報発信の内容や手段にも，今までとは異なる需要が発生している。一例をあげれば，災害情報の多言語での発信は，東日本大震災でも課題となった。

環境の変化という点では，地球温暖化や都市構造の変化に伴う，気象の変動が大きな問題として指摘されている。温暖化に伴う海面上昇が発生すると，洪水や津波に対するさらなる備えが必要になるであろう。また，近年では，都市部における局地的な集中豪雨が発生し，下水施設の対応が追い付けない状況も発生している。気温が上昇することにより，従前では生息し得なかった病原菌や害虫がまん延する懸念もある。環境の変化に伴い，新たなリスクが発生する可能性があり，環境変化に伴う課題の早期発見と対応への備えが求められてきている。

人々の意識や行動パターンにも変化が生じている。例えば，プライバシー意識や防災・防犯意識の高まりに伴い，個人情報のいっそうの保護が求められるようになってきた。また，人々の行動範囲の広がりに伴い，特に都市部では，居住場所と勤務場所や通学先が異なる市民が増加している。東日本大震災の際に，関東圏で発生した帰宅困難者問題は，公共交通システムの重要性とその脆弱性を明らかにした。これらの変化は，行政組織の危機管理対応への新たな課題となるであろう。

行政組織の側では，財源不足や行政活動のスリム化が課題となっており，活動範囲の拡充を，自らのみで担うことは困難な状況になっている。今後，社会保障費等の増加が見込まれるなかで，政策間の優先順位付けもよりシビアなものとなっていくであろう。財政的な制約を抱えるなかで，新たなリスクや課題に対応するためには，既存の取り組みとは異なる手法やアイディアが必要となる。一つには，業務内容の見直しや，複数の組織で重複した事業の洗い出しを

第13章　危機管理の課題と今後の展開

行うことが考えられるであろう。また，行政が担ってきた役割の一部を，市民や民間企業，NPOなどと分担していくことも選択肢として考えられるであろう。ただし，いずれにせよ，人命や財産の保護に直接関係する危機管理政策においては，行政の活動範囲をどこまで広げ，何を縮小するのかについて，社会全体での合意形成が不可欠となる。災害は，社会のさまざまな課題を顕在化させる。危機管理政策という視点からの対応とともに，社会全体の運営のあり方という，俯瞰的な視点から，よりいっそうの議論が求められている。

参 考 文 献

(第1章)

宮本太郎（2009）『生活保障—排除しない世界へ—』岩波新書。
神野直彦（2010）『「分かち合い」の経済学』岩波新書。
小野善康（2012）『成熟社会の経済学—長期不況をどう克服するか』岩波新書。
Taxing Wages, OECD（2010）.

(第2章)

経済産業省『平成24年度版通商白書』
総務省統計局；世界の統計　http://www.stat.go.jp/data/sekai/03.htm。
財務省HP　http://www.mof.go.jp/
西田安範編著『図説日本の財政』平成23年度版，東洋経済新報社。

(第3章)

荒巻健二（2001）『アジア通貨危機とIMF－グローバリゼーションの光と影－』日本経済評論社。
浦東久男・柴健次・清水涼子（2012）『行政財改革と公会計』関西大学法学研究所研究叢書第46冊。
片山裕・大西裕編著（2010）『アジアの政治経済・入門』有斐閣。
五石敬路編（2008）『東アジアにおける公営企業改革』国際書院。
財団法人環日本海経済研究所（2010）『韓国経済の現代的課題』日本評論社。
服部民夫・張達重（2006）『日韓政治社会の比較分析』慶應義塾大学出版会。
藤川祐輔（2011）「韓国及び日本の地方公会計への複式簿記・発生主義会計導入の経緯」『流通科学研究』Volume 10.
趙淳（2005）『韓国経済発展のダイナミズム』深川博史監訳　法政大学出版局。
咸剛国（2001）「韓国における会計改革の現状と課題」『現代社会文化研究

21』新潟大学大学院現代社会文化研究科紀要編集委員会 p. 215 - p. 231.
米田正巳（2009）「公会計制度改革と国際公会計基準についての一考察—公会計基準の国際的調和化の観点から—」『FUJI BUSINESS REVIEW』新創刊号（vol. 1）p. 9 - p. 16.

韓国語文献

강신택교수 정년기념 논문집간행위원회. (1998)『韓国의 財政과 財務行政』博英社.

김동건. (2012)『현대재정학』박영사.

김용환. (2006)『임자, 자네가 사령관 아닌가: 개발년대와 IMF위기시의 재정・금융정책 비사』매경출판. p. 325 - p. 394

문외솔. (2010) "한국 재정정책의 효과와 재정 건전성"『SERI 경제포커스』제275호.삼성경제연구소.

（第4章）

阿古智子（2009）『貧者を喰う国—中国格差社会からの警告』新潮社。

大橋英夫（2009）『中央・地方の関係の経済的側面』東京大学出版会。

梶谷懐（2011）『現代中国の財政金融システム』名古屋大学出版会。

呉敬璉　訳者：青木昌彦・日野正子（2007）『現代中国の経済改革』NTT出版株式会社。

片桐昭泰・兼村高文・星野泉（2008）『新版地方財政論』株式会社税務経理協会。

加藤弘之・上原一慶編著（2011）『中国経済論』ミネルヴァ書房。

田島俊雄（2002）「財政改革下の地方政府間財政関係」中兼和津次編著『中国農村経済と社会の変動』お茶の水書房。

張忠任（2001）「中国財政における予算外資金の改革と問題点」『総合政策論叢』第2号　島根県立大学。

中国税制政研究グループ編（2004）『中国の税制』財団法人大蔵財務協会。

和田民子（2004）「中国—改革・開放以前と以後—」長谷川啓之編著『グロー

バル化時代のアジア経済』創土社。
長谷川啓之監修（2009）『現代アジア事典』文眞堂。
国家統計局（2011）『中国統計年鑑』中国統計出版社。
中華人民共和国財政部（2010）『中国財政年鑑』中国財政雑誌社。

（第5章）

Tilastokeskus "Suomen tilastollinen vuosikirja"（各年版）
Stakes "Sosiaali-ja terveyden huollon tilastollinen vuosikirja 2007"
Marzukka Laine "Access to finnish public law", 2006
Nordic Statiscal Yearbook 2007
STAKES "Ikääntyneiden sosiaali-ja terveyspalvelut 2005"
"Valtion talousarvioesiteys 2009"
東京市政調査会『都市問題』87巻9号，87巻10号，1996年9月，1996年10月。
横山純一『高齢者福祉と地方自治体』2003年4月，同文舘出版。
山田真知子『フィンランド福祉国家の形成』2006年6月，木鐸社。
横山純一『地方自治体と高齢者福祉・教育福祉の政策課題－日本とフィンランド』2012年3月，同文舘出版。
内閣府編『高齢社会白書（各年版）』

（第6章）

田中素香（2010）『ユーロ危機のなかの統一通貨』岩波新書。
白井さゆり（2011）『ユーロ・リスク』日経プレミアシリーズ。
岩田規久男（2011）『ユーロ危機と超円高恐慌』日経プレミアシリーズ。
浜　矩子（2011）『ソブリンリスクの正体』フォレスト出版。
坂田豊光（2012）『ドル・円・ユーロの正体』NHKブックス。
山口綾子（2012）「ユーロの将来」公益財団法人国際通貨研究所News Letter，02号。
山口綾子（2011）「欧州ソブリン危機～第2次ギリシャ支援は十分か～」公益

財団法人国際通貨研究所 News Letter, 10号。

山口綾子（2011）「ユーロの中期展望〜崩壊か，財政同盟か〜」公益財団法人国際通貨研究所 News Letter, 19号。

山口綾子（2010）「ソブリンリスクに揺れるユーロ圏の金融情勢」公益財団法人国際通貨研究所 News Letter, 31号。

佐久間浩司（2012）「2012年の世界経済」公益財団法人国際通貨研究所 News Letter, 3号。

（第7章）

Commission of the European Communities (2001), *Company Taxation in the Internal Market*, Brussels, SEC (2001) 1681.

Commission of the European Communities (2006), *Toward Effective Use of Tax Incentives in favor of R&D*, Brussels, COM (2006) 728 final.

Commission of the European Communities (2011), *Proposal for a Council Directive on a Common Consolidated Corporate Tax Base (CCCTB)*, Brussels, COM (2011) 121/4.

De Mooij, R.A. and P. Devereux (2009), Alternative Systems of Business Tax in Europe：An Applied Analysis of ACE and CBIT Reforms, *Taxation Papers No 17*, European Union.

Desai, M.A. and J.R. Hines Jr. (2004), "Old Rules and New Realities：Corporate Tax Policy in a Global Setting", *National Tax Journal*, Dec, pp. 937-960.

Deverueux, M.P. (2004), "Debating Proposed Reforms of the Taxation of Corporate Income in the European Union", *International Tax and Public Finance*, vol. 11, pp. 71-89.

Hufbauer, G. C. and A. Assa (2007), *U.S. Taxation of Foreign Income*, Peterson Institute for International Economics.〔清水哲之監訳（2011）『米国の国外所得課税』五絃舎.〕

参考文献

Institute for Fiscal Studies (Chair Sir James Mirrlees) (2010), *Dimensions of Tax Design (The Mirrlees Review)*, Oxford University Press.

OECD (2001), *Corporate Tax Incentives for Foreign Direct Investment*, OECD Tax Policy Studies, No.4.

OECD (2007), *Fundamental Reform of Corporate Income Tax*, OECD Tax Policy Studies. No 16.

The President's Advisory Panel on Federal Tax Reform (2005), *Simple, Fair, & Pro-Growth : Proposals to Fix American Tax System*.

U.S. Department of the Treasury, Office of Tax Policy (2007), *Approaches to Improve the Competitiveness of the U.S. Business Tax System for the 21st Century*.

The White House and the Department of the Treasury (2012), *The President's Framework for Business Tax Reform*, A Joint Report by the White House and the Department of the Treasury.

Vero Skatt (2009), *Brief Statistics*, Helsinki.

Zagler, M. ed (2010), *International Tax Coordination : An Interdisciplinary perspective on virtues and pitfalls*, Routledge International Studies in Money and Banking.

小野島真(2009)「経済のグローバル化と法人税改革」『生活経済政策』生活経済研究所,9月号。

経済産業省(2008)「平成21年度税制改正に関する経済産業省意見」『租税研究』日本租税研究協会,11月号。

佐藤主光(2010)『マーリーズ・レビュー研究会報告書(抜粋版)』財団法人企業活力研究所,6月。(http://www.japantax.jp/teigen/file/ 20100622.pdf)

鈴木将覚(2010)「主要国における法人税改革の効果～実効税率の変化に着目して～」『みずほ総研論集』,Ⅱ号。(http://www.mizuho-ri.co.jp/publication/research/pdf/argument/mron1006-4.pdf)

ビクトリア・ペリー(2009)「最近の国際経済下における税制の動向—経済危

機下における税制（国際人道税〈航空運賃税〉を含む）—」『租税研究』，10月。

土井丈朗「仕向地主義法人課税の経済分析」(2011)『フィナンシャル・レビュー』財務省財務総合政策研究所，1月。(http://www.mof.go.jp/pri/publication/financial_review/fr_list6/r102/r102_07.pdf)

【主要参考ウェブサイト】

IFS (Institute for Fiscal Studies), http://www.ifs.org.uk/

OECD, http://www.oecd.org/home/

European Commission, http://ec.europa.eu/index_en.htm

EUR-Lex, http://eur-lex.europa.eu/en/index.htm

US Department of the Treasury, http://www.treasury.gov/Pages/default.aspx

(第8章)

財務省HP　http://www.mof.go.jp/

西田安範編著 (2011)『図説日本の財政』東洋経済新報社。

OECD, Economic Outlook, National Account

(第9章)

星野泉・小野島真編 (2007)『現代財政論』学陽書房。

兼村髙文 (2009)『図解　自治体財政はやわかり』学陽書房。

横山彰他編 (2009)『現代財政学』有斐閣アルマ。

八巻節夫編 (2011)『新財政学　改訂版』文眞堂。

西田安範編著 (2011)『図説日本の財政　平成23年度版』東洋経済新報社。

総務省 (2011)「平成23年度版　地方財政白書」。

総務省 (2011)「地方財政の状況の概要 (平成23年度版)」。

総務省ホームページ (http://www.soumu.go.jp/)

財務省ホームページ (http://www.mof.go.jp/)

参 考 文 献

(第10章)

財務省『日本の財政関係資料』2010年8月,同2011年10月,同2012年2月。
内閣府『高齢社会白書(平成23年版)』2011年7月,同『高齢社会白書(平成22年版)』2010年7月,同『高齢社会白書(平成20年版)』2008年6月。
横山純一『地方自治体と高齢者福祉・教育福祉の政策課題-日本とフィンランド』2012年3月,同文舘出版。
横山純一『現代地方自治の焦点』2006年2月,同文舘出版。

(第11章)

池宮城秀正(2000)『地域の発展と財政』,八千代出版。
大竹文雄(2005)『日本の不平等-格差社会の幻想と未来-』,日本経済新聞社。
岡田知弘ほか(1997)『国際化時代の地域経済学』,有斐閣。
小田清(1992)「国土総合開発計画と地域間格差の是正策について」『北海学園大経済論集第39巻』,北海学園大学。
金森久雄・香西泰・加藤裕己編(2007)『日本経済読本』,東洋経済新報社。
喜多登(1972)『地域と財政』,白桃書房。
総務省(2009)『全国消費実態調査』。
内閣府(2008)『県民経済計算』。
中村文隆(1994)「日本経済の構造転換-工業財とサービス財との関連の分析を中心として-」『政経論叢』,明治大学政治経済研究所。
西田安範編著(2011)『図説日本の財政』,東洋経済新報社。
林宜嗣(2006)「日本の地方財政について」『NIRA政策レビュー地方財政の課題』,総合研究開発機構。
比嘉正茂(2009)「転換期を迎える地域経済」『NIRA政策レビュー地域再生の鍵』,総合研究開発機構。
廣瀬牧人(1999)「公共投資に関する消費内生化地域間産業連関モデルによる波及効果の分析」『産業総合研究』,沖縄国際大学産業総合研究所。
星野泉(2004)『分権型税制の視点』,ぎょうせい。

前村昌健（1996）「低成長化における低所得県の財政」『商経論集』，沖縄国際大学。

山田浩之（2002）『地域経済学入門』，有斐閣。

Kaldor. N.（1970）. "The Case for Regional Policies", Scottish Journal of Political Economy.

Myrdal. G.（1957）. "Economic Theory and Under-developed Regions" Gerald Duckworth.

Richardson. H.（1973）. "Regional Growth Theory", The Macmillan press.

（第12章）
伊藤善一著（1996）『地方の魅力を考える』中央経済社。

中井英雄・齊藤愼・堀場勇夫・戸谷裕之著（2010）『新しい地方財政論』有斐閣。

西澤隆・桑原真樹著（2009）『地方からの再生』東洋経済新報社。

久繁哲之助著（2010）『地域再生の罠』ちくま新書。

本庄資・岩本浩一編著（2008）『現代地方財政論』大蔵財務協会。

和田八束・野呂昭朗・星野泉・青木宗雄編（1999）『現代の地方財政』有斐閣ブックス。

http://oarai.info/『大洗アンコウのブランド』「大洗info-oarai.info」（2011年12月5日アクセス）。

大洗町商工観光課『大洗町入り込み客数』大洗町役場　2011年12月20日。

http://www.pref.kumamoto.jp『熊本県観光統計表』熊本県観光課　（2011年12月20日アクセス）。

http://item.rakuten.co.jp『デコポンゼリー』（2011年12月21日アクセス）。

http://www.ja-hitodukuriken.jp『JAあしきた（熊本県）6次産業化（農商工連携）に向けた取り組みについて』（2011年12月21日アクセス）。

（第13章）

内閣府（2012年）『平成23年度版防災白書』内閣府。

永松伸吾（2008年）『減災政策論入門』弘文堂。

中邨章編著（2000年）『行政の危機管理システム』中央法規出版。

Waugh.W.（2000年　）Living with Hazards. Dealing with Disasters. M.E. Sharpe.

索　引

（あ行）

池田内閣……………………… 167
一般会計……………………… 127
一般政府（中央政府＋地方政府＋社会
　保障基金）…………………21, 113
移転価格税制……………………98
インボイス方式…………………11
ACE ……………………………94
欧州安定メカニズム（European Stability
　Mechanism：ESM）……………81
欧州為替制度（European Monetary
　System：EMS）………………73
欧州共同体（European Community）…73
欧州経済共同体（European Economic
　Community：EEC）……………72
欧州石炭鉄鋼共同体（European Coal
　and Steel Community：ECSC）………72
欧州中央銀行（European Central
　Bank：ECB）………………74, 112
欧州連合（European Union：EU）
　…………………………… 24, 73, 112
欧州連合条約（マーストリヒト条約）…73
オバマ政権………………………22

（か行）

外国税額控除……………………98
介護保険（制度）……………147, 153
格付け……………………………25

韓国における財政構造………………32
韓国の行政組織………………………28
韓国の政治体制………………………27
韓国の地方自治………………………31
危機管理・防災政策………………184
基準財政収入額……………………134
基準財政需要額……………………134
キャッシュフロー法人税……………94
居住地原則……………………………98
ギリシャ（財政）危機…………80, 82
グローバル化………………………111
グローバル金融危機…………………83
軽減税率……………………………11
経済収斂基準………………………74
経済的レント………………………94
決算統計……………………………128
限界実効税率………………………90
建設国債……………………………143
健全化判断比率……………………139
源泉地原則…………………………98
公営事業会計………………………127
公共経営論（New Public Management：
　NPM）……………………………116
公共部門…………………………4, 114
合計特殊出生率………………………6
高齢化………………………………147
高齢（化）社会……………………150
高齢者介護サービス…………………56
国外所得免除方式……………………98

国債海外保有率･････････････････21
国際的租税競争･･･････････････････90
国内総生産（GDP）････････････4,18
国民医療費･･･････････････････147
国民経済計算（SNA）････････････113
国民負担率････････････4,6,114,152
国会立法調査処･･････････････････28
国家予算政策処･････････････････28
国庫支出金････････････････････135

（さ行）

財政請負制･････････････････････46
財政学･･･････････････････････････4
財政調整（制度）･･････････118,165
財政の崖（fiscal cliff）･･････････24
最適通貨圏･････････････････････85
サッチャー首相･････････････････123
佐藤内閣･････････････････････168
サブプライム危機････････････77,79
サブプライム（住宅ローン）問題･･17,23
暫定予算･････････････････････127
三位一体改革････････････････138
CBIT･････････････････････････94
自治事務････････････････････126
自治体財政健全化法･･･････････138
実効税率･････････････････91,93
ジニ係数････････････････････159
資本輸出中立性････････････････98
資本輸入中立性･･･････････････100
仕向地原則･････････････････････97
社会保障（システム）･････56,145,152
社会保障負担･･････････････････4,7
消費税･･････････････････････････7
所得税･･････････････････････････7

新古典派理論･････････････････156
垂直的調整･･･････････････････118
出納整理期間･････････････････128
水平的調整･･･････････････････118
性質別歳出･･･････････････････131
政府の役割･････････････････････10
セーフティネット･･･････････････151
先富論･･････････････････････････42
選別主義的サービス･･････････････12
租税負担率････････････4,7,9,114
ソブリン危機（リスク）
　･････････････････18,25,72,81,112

（た行）

地域活性化･･･････････････････167
地域間格差･･･････････････155,163
地域ブランド････････････････174
地方公共団体の財政の健全化に関する
　法律･････････････････････120
地方交付税････････････････134,162
地方債････････････････････････136
地方歳出････････････････････130
地方財政支援制度････････････････38
地方歳入････････････････････132
地方政府････････････････････116
地方分権････････････････････137
地方分権一括法･････････････116,172
地方分権推進法･････････････････172
中国の行政機構と財政制度･････････42
定式配賦方式････････････････104
デフォルト（債務不履行）･･････21,71
当初予算････････････････････127
特別会計････････････････････127
特別地方公共団体････････････125

独立企業間価格……………………… 101
特例国債……………………………… 143

（な行）

中曽根内閣…………………………… 168

（は行）

橋本内閣……………………………… 169
東日本大震災………………………… 183
付加価値税………………………… 11, 57
福祉国家………………………………55
福祉（の）民営化………………55, 61, 65
福田内閣……………………………… 168
普通会計……………………………… 127
普通地方公共団体…………………… 125
ブッシュ政権…………………………22
BRICS…………………………………20
分税制…………………………………47
平均実効税率…………………………90
包括的危機管理アプローチ………… 193

法人（所得）税……………………7, 90
法定受託事務………………………… 126
ホームケアサービス…………………59
補正予算……………………………… 127
保有中立性…………………………… 100

（ま行）

マーリーズ・レビュー………………94
マニフェスト………………………… 123
民主主義の赤字……………………… 113
目的別歳出…………………………… 130

（や行）

ユーロ（euro）………………………24
ユーロ金融危機………………………71
予算…………………………………… 127

（ら行）

リーマン・ショック………… 21, 78, 79, 81

211

執筆者紹介

兼村　髙文（かねむら　たかふみ）【編著者　第2章，第8章担当】
現在：明治大学公共政策大学院教授（地方財政論，公会計論）
主著：『公会計講義』（共編著，税務経理協会，2010），『自治体財政はやわかり』（単著，イマジン出版，2009），『財政健全化法と自治体運営』（単著，税務経理協会，2008年）など。

横山　純一（よこやま　じゅんいち）【編著者　第5章，第10章担当】
現在：北海学園大学法学部教授（財政学，地方財政論）
主著：『地方自治体と高齢者福祉・教育福祉の政策課題―日本とフィンランド』（単著，同文舘出版，2012），『現代地方自治の焦点』（単著，同文舘出版，2006），『高齢者福祉と地方自治体』（単著，同文舘出版，2003）など。

星野　泉（ほしの　いずみ）【編著者　第1章担当】
現在：明治大学政治経済学部教授（財政学，地方財政論）
主著：『よくわかる社会保障と税制改革』（イマジン出版，2012年，共著），『スウェーデン高い税金と豊かな生活』（イマジン出版，2008年），『分権型税制の視点』（ぎょうせい，2004年）

小野島　真（おのじま　まこと）【編著者　第7章担当】
現在：明治大学政治経済学部教授（財政政策）
主著：『第三版・財政学』（共著，創成社，2009），『現代財政論』（共編著，学陽書房，2007），『租税論研究』（共著，五絃社，2006）など。

安田　満（やすだ　みつる）【編著者　第12章担当】
現在：明星大学経済学部専任講師（地方財政論）
主著：「農産物のブランド化による地域の活性化」（単著，『明星大学経済学研究紀要』第43巻第1号，2011），「三位一体改革による地方への影響―地域間格差を中心として―」（単著，『明星大学経済学研究紀要』第40巻第1号，2008）など。

中村　虎彰（なかむら　とらあき）【著者　第3章担当】
現在：韓国又松大学ソルブリッジ国際ビジネススクール専任講師（行政学，比較行政論）
主著：『重要国の行政と公共政策』（韓国行政研究院，2008）
　　　（韓国語『중요국의　행정과　공공정책』（한국행정연구원，2008）

和田　民子（わだ　たみこ）【著者　第4章担当】
現在：明星大学経済学部専任講師（中国経済事情）
主著：『中小工業の地理学』（共著，三恵社，2008），『グローバル化時代のアジア経済』（共著，創土社，2004），論文：「中国の伝統的経済・社会の特質と発展的可能性」（単著，2007）など。

黒須　潤（くろす　じゅん）【著者　第6章担当】
現在：三育学院短期大学教授（経済学，金融経済学）
主著：『日本史小百科＜近代＞金融』（共著，東京堂出版，2000），『財政学』（共著，税務経理協会，2001）など。

稲田　圭祐（いなだ　けいすけ）【著者　第9章担当】
現在：参議院決算委員会調査室客員調査員，東洋大学経済学部非常勤講師（財政学）
主著：『新財政学　改訂版』（共著，文眞堂，2011），『公会計講義』（共著，税務経理協会，2010），『財政学　第三版』（共著，創成社，2009）など。

比嘉　正成（ひが　まさしげ）【著者　第11章担当】
現在：大月短期大学経済科准教授（地域経済学）
主著：『地方自治体における図書館事業の効率性評価－山梨県内自治体を対象としたWindow分析による時系列分析－』（日本地方自治研究学会，2011），『基礎自治体における地域産業連関表の作成と経済波及効果の計測』（大月短期大学，2012）など。

佐々木　一如（ささき　かずよし）【著者　第13章担当】
現在：明治大学公共政策大学院特任講師（危機管理）
主著：『安全・安心を創出するための15の視点』（共著，東京法令出版，2009年），『危機発生！そのとき地域はどう動く－市町村と住民の役割－』（共著，第一法規，2008年），『The Self-Defence Forces Overseas: Japan's Lesson from the Indian Ocean Tsunami Assistance』（共著，2006年）など。

編著者との契約により検印省略

平成24年11月10日　初版第1刷発行　　　　　**グローカル財政論**

編著者	兼　村　髙　文 横　山　純　一 星　野　　　泉 小　野　島　真 安　田　　　満
発行者	大　坪　嘉　春
印刷所	税経印刷株式会社
製本所	株式会社　三森製本所

発行所	〒161-0033　東京都新宿区 下落合2丁目5番13号	株式 会社　税務経理協会

振　替　00190-2-187408　　　電話　(03) 3953-3301（編集部）
ＦＡＸ　(03) 3565-3391　　　　　　　(03) 3953-3325（営業部）
URL　http://www.zeikei.co.jp/
乱丁・落丁の場合は，お取替えいたします。

Ⓒ　兼村髙文・横山純一・星野　泉・小野島真・安田　満　2012

本書を無断で複写複製（コピー）することは，著作権法上の例外を除き，禁じられています。
本書をコピーされる場合は，事前に日本複製権センター（JRRC）の許諾を受けてください。
JRRC〈http://www.jrrc.or.jp　eメール：info@jrrc.or.jp　電話：03-3401-2382〉

Printed in Japan

ISBN978-4-419-05813-5　C3033